10 CARACTERÍSTICAS ESENCIALES DE UNA MUJER DE INFLUENCIA

PAM FARREL

EDITORIAL PORTAVOZ

La misión de *Editorial Portavoz* consiste en proporcionar productos de calidad —con integridad y excelencia—, desde una perspectiva bíblica y confiable, que animen a las personas a conocer y servir a Jesucristo.

Título del original: *Woman of Influence*, © 1996, 2006 por Pam Farrel y publicado por InterVarsity Press, P.O. Box 1400, Downers Grove, IL 60515-1426.Traducido con permiso.

Edición en castellano: *10 características esenciales de una mujer de influencia*, © 2017 por Editorial Portavoz, filial de Kregel Inc., Grand Rapids, Michigan 49505. Todos los derechos reservados.

Traducción: Ricardo Acosta
Diseño de portada: Dogo Creativo

Las cursivas añadidas en los versículos bíblicos son énfasis de la autora.

EDITORIAL PORTAVOZ
2450 Oak Industrial Drive NE
Grand Rapids, MI 49505 USA
Visítenos en: www.portavoz.com

ISBN 978-0-8254-5763-0 (rústica)

1 2 3 4 5 edición / año 26 25 24 23 22 21 20 19 18 17

Impreso en los Estados Unidos de América
Printed in the United States of America

Contenido

Introducción

¿Cómo es una mujer influyente?

Una joven que camina por la playa ve cómo una anciana recoge estrellas de mar varadas en la arena y las arroja de vuelta al mar.

—¿Por qué está usted haciendo eso? —pregunta la joven—. Hay muchas estrellas de mar, y las olas las lanzan a la arena. ¿Valdrá la pena salvar algunas?

La anciana recoge una estrella de mar y la arroja al océano.

—¡Para *esa* valió la pena! —exclamó.

¿Quieres cambiar las cosas?

Mi deseo es preparar a mujeres para que sean todo lo que Dios quiere que sean. Durante muchos años he estudiado a las mujeres en la Biblia, buscando las cualidades que las hicieron útiles para Dios. Luego empecé a observar a mujeres contemporáneas cuyas vidas estaban influyendo en el mundo al que Dios las había llamado: gobierno, religión, arte, negocios, educación, medicina, ciencia, servicio social, y hogar. Observé que todas estas mujeres tenían en común ciertas cualidades de carácter. Cuando leo la biografía de mujeres que han influido en la historia, veo rasgos de carácter similares.

La influencia puede definirse como *ganar el derecho de ser escuchada para que otras personas se desplacen hacia su mejor potencial*. Mientras que a menudo el éxito está orientado en el "yo", la influencia está orientada en "otros". Podemos ganarnos el privilegio de influir en la vida de alguien más. Si desarrollamos las diez características o cualidades de carácter expuestas en este libro, estaremos mejor preparadas para influir.

Podrías pensar: *¡Diez características! Ah, no, eso no va conmigo, ¡me voy a sentir culpable! No puedo ser todo eso*. Este libro habla de crecimiento, no de culpa. La influencia no requiere perfección de nuestra parte, requiere fidelidad al llamado de Dios.

> *La influencia puede definirse como ganar el derecho de ser escuchada para que otras personas se desplacen hacia su mejor potencial.*

Cuando yo era niña, me gustaba recoger dientes de león que fueran esponjosos y blancos. Los soplaba y cientos de semillas volaban en el aire. Intentaba ver a dónde iban, pero la mayoría se elevaba más y más hasta desaparecer de la vista. Al igual que esas semillas, la influencia a menudo pasa desapercibida hasta que florece más tarde en el jardín de la vida de otra persona.

Mi madre me decía desde que era una niña: "Pam, sé una líder". Incluso ahora, durante mis días más sombríos, puedo oírla susurrar: "Puedes hacerlo. Solo inténtalo. Sé que puedes".

Las palabras de mi abuela, expresadas durante conversaciones mientras lavábamos los platos, me recordaron siempre mi propósito: "Pam, comparte tu talento". Mi abuela me llevaba a un asilo de ancianos donde yo hacía gimnasia para los residentes. Luego les ofrecíamos fruta y palabras amables.

Las semillas de influencia en mi vida

Kathy Hansell y su hija Kelly de ocho años me dejaban jugar en su jardín delantero y animaban a mi familia a ir a la iglesia. Esa influencia finalmente me llevó a la Biblia, donde conocí personalmente a Jesús.

Mi hermana Deney fue mi mejor amiga en mi infancia y adolescencia. Noche tras noche susurrábamos ilusiones y sueños en las sombras de nuestra acogedora habitación. Mis cuñadas Erin y Kathy, aunque más jóvenes, a menudo son más sabias que yo. Cuando me casé con Bill, me gané una hermana en Lori, cuya sabiduría práctica me ha animado a entrar a escenarios más grandes y más amplios.

En la universidad, Tina, una joven recién casada en el personal de Cruzada Estudiantil para Cristo, y su mentora Faith, me enseñaron acerca de crecer en mi andar con Dios. Grace, Cindy y Debbie, mis valientes compañeras en el grupo, me animaron a caminar por la nueva vida.

En el seminario, Phoebe me enseñó amabilidad y hospitalidad, y me inculcó ansias más profundas por alcanzar a los perdidos. Karen oraba por mí y me animaba a ser yo misma. Sally y su esposo Jim creían que Dios tenía un llamado en mi vida, así que me animaron a escribir y me hicieron de mentores.

Mis amigas involucradas en el ministerio femenino me han sostenido con sus oraciones. Muchas otras mujeres me han estimulado en épocas de agotamiento y tensión. Algunas estarán en las páginas de esta obra, pero todas están en las páginas de mi corazón. Al igual que sal esparcida, la influencia es difícil de ver, pero su sabor es imposible de pasar por alto.

Al igual que sal esparcida, la influencia es difícil de ver, pero su sabor es imposible de pasar por alto.

Las mujeres que influyeron en mí no tenían manera de saber cómo Dios las utilizaba. Podrías sentirte de igual manera. Quieres ser usada por Dios, pero no tienes idea de cómo. O sientes que Dios te ha dado una plataforma para influir y deseas hacer el mejor uso de ella. Es mi oración que en las páginas de este libro descubras la esperanza, la fortaleza, y el ánimo para ser una "mujer influyente" en tu mundo.

Las playas de tu vida están cubiertas de estrellas de mar. Marca la diferencia.

1

Apasionada
Encuentra tu llamado único

Se necesita calor para forjar cualquier cosa. Todo gran logro es la historia de un corazón apasionado.

Mary Lou Retton

La India era el último lugar donde esta adolescente quería estar. Los padres de Ida eran misioneros, pero pronto ella tendría edad suficiente para elegir su futuro por sí misma. Escaparía de la India y regresaría para siempre a los Estados Unidos.

Una noche, tres hombres tocaron a la puerta del padre de la joven. Sabían que él era médico. Preguntaron: "¿Puedes ayudar a nuestras esposas?". Los visitantes explicaron que las mujeres estaban de parto y que experimentaban complicaciones. El médico corrió por su maletín, pero los hombres lo detuvieron. Le explicaron que no podía acompañarlos. Según la cultura de ellos, no era correcto que un hombre tuviera este tipo de contacto con una mujer. No había nadie más, así que los hombres se fueron.

El corazón de Ida fue atravesado con punzadas de dolor. Estas mujeres habían soportado nueve meses de embarazo, pero lo más probable es que nunca sostuvieran en brazos a sus recién nacidos. Ida trató en vano de dormir.

> No pude dormir esa noche... la situación era demasiado terrible. Al alcance de mi mano había tres jóvenes madres agonizando porque no había una mujer que las ayudara. Pasé gran parte de la noche en angustia y oración. Yo no quería pasar mi vida en la India. Mis amigas me rogaban que regresara a las alegres oportunidades de una chica joven en los Estados Unidos. Me acosté a primeras horas de la madrugada pidiendo mucha guía en oración. Creo que esa fue la primera vez que vi a Dios cara a cara, y todo ese tiempo pareció que Él me llamaba a su obra. Temprano en la mañana oí el redoble de tambores en la aldea y el corazón se me llenó de terror, porque este era un mensaje de muerte.

Ida se marchó de la India. Muchos años después conté su historia durante una conferencia. Una mujer se me acercó corriendo.

—¡Tienes que saber esto! —exclamó.

—¿Qué tengo que saber? —le pregunté.

—Me crié en la India. ¡Papá y mamá eran médicos y sirvieron en el Hospital Memorial Ida Scudder!

Ida se marchó de la India... para cursar sus estudios de Medicina en 1895. Y, pocos años después, la doctora Ida Scudder regresó con un título médico y un cheque de mil dólares para comenzar su obra entre las mujeres de la India. Pronto otras mujeres la siguieron para ayudar en la causa. ¡Décadas más tarde el legado de Ida sigue vivo! Un corazón apasionado por Dios puede ser determinante.

Un corazón apasionado por Dios puede ser determinante.

Así es como nace la pasión. Dios te llama y dice: "Mira. Esta es una necesidad". Tú ves la necesidad, sabes que puedes satisfacerla y, en lo más profundo de tu corazón, sabes que tu vida no volverá a ser igual. Un llamado apasionado ocurre cuando la mayor necesidad del mundo se adapta a tu deseo profundo y se acopla con el poder infinito de Dios.

Pasión plantada

No tenemos que salir a buscar pasión. En lugar de eso debemos buscar a Dios, quien planta la semilla de la pasión en nuestros corazones. Cuando tratamos de estar íntimamente relacionadas con Él, Dios utilizará los deseos de nuestro corazón, las circunstancias de nuestra vida y su Palabra confirmadora para revelar y consolidar nuestra pasión.

La pasión es un don de Dios para fortalecerte.

En la Biblia, a veces Dios dijo a los padres que sus hijos debían cumplir una obra especial. A los padres de Juan el Bautista les dijo que este "hará que muchos de los hijos de Israel se conviertan al Señor Dios de ellos... para preparar al Señor un pueblo bien dispuesto" (Lucas 1:16-17). El Señor le dijo a Jeremías: "Antes que te formase en el vientre te conocí, y antes que nacieses te santifiqué, te di por profeta a las naciones" (Jeremías 1:4-5).

La pasión es un don de Dios para fortalecerte; es motivación pura enviada por medios puros para lograr resultados puros que glorificarán a Dios y suplirán las necesidades de la gente. El método de un corazón apasionado puede cambiar o adaptarse con el tiempo, pero la pasión permanece constante.

Por ejemplo, puedes ser apasionada por cuidar a personas necesitadas y dolidas. Tu pasión puede llevarte a cuidar enfermos, administrar una organización sin ánimo de lucro, ser voluntaria en una organización de servicio, iniciar un ministerio en tu iglesia local, o crear una empresa que atienda a personas en necesidad. La misma pasión, métodos diferentes.

Motivación pura

Como estudiante de primer año de universidad, yo no iba confiadamente a ninguna parte. Por fuera parecía tener todo lo que necesitaba (beca, calificaciones, amigos, un novio), pero por dentro me hallaba luchando con enormes inquietudes. *¿Por qué estoy aquí? ¿Qué cambiará gracias a mi contribución?* Había estado atesorando premios tratando de validarme, pero temía que no pudiera seguir acumulándolos más. Con el fin de lograr aceptación sentí presión por renunciar a mi corazón y mi sexualidad. No quería hacerlo. Y ya no quería vivir en la rutina de las adquisiciones. Fue entonces que una amiga me invitó a un estudio bíblico. Muy oportunamente, ¡el nombre de mi amiga era Grace (Gracia)!

En el estudio bíblico aprendí acerca del Dios que había conocido a mis ocho años de edad. Aprendí de su amor incondicional y del plan que Él tenía para mí a fin de darme un futuro y una esperanza. Un año después yo era una persona nueva. Me sentí libre para elegir lo mejor que Dios tenía para mí. Me sentí libre para sobresalir en cualquier cosa que Él pusiera frente a mí, sin preocuparme de lo demás. Y ya no me dominaba el miedo. Mi novio de la escuela secundaria y yo nos separamos y quedamos como amigos. Empecé a obtener una visión más clara de quién era yo y de lo que el futuro podría traer.

Medios puros

Algunos meses después, en una conferencia de liderazgo para estudiantes universitarios, un orador nos retó a preguntar a Dios qué planes tenía para nuestras vidas. Encontré un lugar tranquilo y empecé a llevar mis opciones delante Dios: *Señor, ¿quieres que yo sea congresista? ¿Ejecutiva de relaciones públicas? ¿Presentadora de televisión? ¿Maestra?*

Silencio.

Entonces Dios me recordó una oración que yo había hecho cuando tenía nueve años de edad, y que más o menos decía así: "Dios, si puedes disponerlo, en realidad me gustaría casarme con un pastor. Me gustan las familias de los pastores y misioneros que he conocido, y deseo hablar a la gente de cómo pueden tenerte como mejor amigo, así como lo somos tú y yo, Dios. ¿Está bien? Sin embargo, sea que me case o no con un pastor, quiero servirte".

Entonces le dije a Dios que estaba de acuerdo con la oración que le había hecho de niña. Me comprometí a investigar cómo podría usar mis dones y talentos en una carrera cristiana de tiempo completo.

Yo sabía que podría seguir siendo su voluntad que yo sirviera en el ámbito secular, pero tenía que estar abierta a la opción del ministerio como profesión.

Durante varios años desarrollé una pasión por un ministerio de animar a mujeres a que llegaran a ser todo aquello para lo que fueron creadas. Dios ponía una joven delante de mí, yo la convertía en discípula. Él me traía otra, yo la convertía en discípula. Entonces, un día, mientras le regalaba a una estudiante un folleto evangelístico, una joven corrió hacia nosotras gritando: "Escúchala. ¡Ella sabe de qué está hablando!".

Reconocí a esta entusiasta mujer como mi vecina del dormitorio unos años atrás. La mujer continuó: "Viví en el mismo dormitorio de Pam. Yo estaba en un estudio bíblico con ella (bueno, es decir, cuando iba) y ella me dijo todo esto acerca de Dios. No la escuché entonces, pero el año pasado me di cuenta de que Jesús era la respuesta que yo había estado buscando. Mi vida es totalmente distinta. Soy feliz por primera vez en mi vida. ¡Funciona!".

Resultados puros

¡Funciona! ¡Funciona! Estas palabras resonaron en mi cabeza. Seguí discipulando y hablando de Cristo. Pocos años después comenzaron a llegar notas de agradecimiento. Estaba terminando mis estudios. Yo había seguido discipulando a otras jóvenes durante esos años. Ahora debía decidir qué deseaba hacer con mi futuro. Me tomé la tarde libre, me encerré en una oficina, y oré.

El Espíritu Santo me hizo un examen tipo "qué bello es vivir". Comprendí una vez más que Dios había hecho una diferencia radical en mi vida. Una y otra vez trajo a mi mente a jovencitas y mujeres que habían sido animadas a través de mi ministerio. *Fuiste mi instrumento para mostrar que esta persona tenía un don artístico para compartir. Fuiste mi herramienta para instruir a esta en el ministerio, y ella ha estado haciendo grandes cosas para mí. Fuiste mi instrumento para que esta chica saliera de la asistencia social y abandonara una relación de maltrato. A esta sacaste de las drogas. Esta está viva y no se suicidó. Esta salvó su matrimonio. Esta terminó la universidad. Esta entró en las misiones…*

Me puse a llorar, honrada por el hecho de que Dios me hubiera usado. Comprendí que me impulsaba una pasión profunda en el corazón. Hice un repaso rápido de las mujeres líderes por quienes sentía gran respeto: escritoras, conferencistas, personal de la iglesia, maestras, profesoras, directoras de ministerios de mujeres. Noté que todas ellas tenían algo en común: habían llevado el evangelio a su generación. ¿Estaba yo dispuesta a llevar el evangelio a *mi* generación? Sí, Señor.

Dios estará preguntando a algunas de las lectoras de este libro: "¿Estás dispuesta a comprometerte a tiempo completo con mi ministerio?". A otras les preguntará: "¿Estás dispuesta a adoptar una causa en tu ya ajetreada vida? ¿Orientarás a una joven, y ayudarás a una madre soltera? ¿Estás dispuesta a encargarte de esa clase de escuela dominical, de ese grupo de madres más jóvenes, de aquellas chicas adolescentes, de esas mujeres inmigrantes o aquellas víctimas de violencia hogareña, o de una prostituta o una fugitiva? ¿Tienes miedo? ¿Estás dispuesta al menos a someter tu voluntad para cambiar la situación de alguien?".

¿Estás dispuesta a ser apasionada por Dios y a tener un corazón encendido con su amor? Simplemente ora: "Dios, estoy dispuesta. Apasiona mi corazón".

TEMOR A LA PASIÓN

Podrías estar reacia a ser apasionada. Podrías temer a lo desconocido. Podrías temer a la responsabilidad de llevar la carga. Podrías sentir temor al agotamiento de la excesiva preocupación. Podrías sentirte inadecuada o no preparada para ser portadora de la pasión.

Mi mayor lucha con mi propia pasión es que a veces esta se siente demasiado grande. En ocasiones siento que llevo el mundo alrededor del cuello como si fuera un medallón en forma de corazón. ¿Cómo puedo ser insensible ante los 23 millones de refugiados, tres cuartas partes de ellos mujeres y niños, que huyen de la guerra, la violación, la violencia, y el hambre? ¿Cómo puedo permanecer con los brazos cruzados cuando en India y China hay 77 millones menos de mujeres de las que debía haber por causa de los abortos de selección sexual?

Un anuncio en la India declara que es mejor gastar ahora 38 dólares en un aborto que 3800 dólares más tarde en una dote. El sistema de dotes, antiguamente una celebración que llenaba de dinero y regalos a una nueva pareja, se ha convertido en un sistema de chantaje por el cual un posible marido exige una dote o amenaza con no casarse. Después del matrimonio, las demandas siguen llegando. Si estas no se cumplen, el nuevo marido suele prender fuego a la novia. A menudo afirma que la esposa murió en un accidente de cocina. Según el Ministerio Indio de Asuntos del Hogar y la Oficina Nacional de Registros de Delitos, en 2003 hubo 6.285 muertes en la India relacionadas con demandas de la dote.

Cada año, dos millones de niñas en todo el mundo corren el riesgo de sufrir la circuncisión femenina o mutilación genital. Algunas mueren; otras se vuelven estériles; muchas experimentan problemas de salud a largo plazo. En los países en desarrollo, dos de cada cinco niñas no reciben formación alguna, aunque el nivel educativo de una madre es el factor clave para reducir las tasas de mortalidad infantil. Estudios han demostrado que cada año una madre que se educa reduce la mortalidad infantil entre 5 y 10%. ¿Cómo puedo quedarme callada cuando a mis hermanas en naciones musulmanas no se les permite aprender a leer? ¿Cómo puedo disfrutar de una refrigeradora repleta de comida cuando muchas madres y niñas se mueren de hambre?

Las vallas blancas de las casas de la clase media en los Estados Unidos de ninguna manera detienen la injusticia. ¡Los problemas domésticos incluyen mujeres maltratadas, mujeres con poca educación, abuso de sustancias, depresión, suicidio y mucho más! Entre 1970 y 2003, la cantidad de niños nacidos fuera del matrimonio ha aumentado de un 11% a un 35%. La tasa de divorcios se ha cuadruplicado mientras que el número de hijos que viven en hogares monoparentales se ha triplicado. El suicidio de adolescentes aumentó un 200%, y las pruebas de aptitud académica cayeron en picado.

¿Y la situación infantil? Según Niños de la Noche, "organizaciones de ayuda internacional sugieren que en los EE. UU. hay 300.000 niños y niñas dedicados a la prostitución. Se calcula que entre medio millón y un millón de niños y niñas huyen de sus hogares cada año. Se puede calcular que aproximadamente la tercera parte de esos niños tiene algún tipo de participación en prostitución y pornografía". Se dice que la edad promedio en que las niñas nepalesas entran a burdeles indios es de diez a catorce años. Hay más o menos 200.000 mujeres y niñas perdidas en Nepal que se cree que han sido traficadas a la India. El Gobierno indio calculó que el 30% de todas las prostitutas tenían menos de veinte años de edad. UNICEF calcula que 1,2 millones de niños y niñas se trafican cada año en todo el mundo.

Y estos solo son algunos problemas. ¿Y qué hay del comercio pornográfico, la prostitución adulta, el hambre mundial, las víctimas de desastres naturales, el VIH/SIDA o simplemente la pobreza?

Además de circunstancias externas, la desolación de las personas las lleva a tomar decisiones horribles, lo cual continúa el ciclo de sufrimiento. Una madre ahoga a sus dos hijos preescolares en un lago; otra finge un secuestro. Maestros que se supone que deben proteger y educar a las jóvenes que tienen a cargo están teniendo aventuras amorosas con sus estudiantes, ¡algunas tan jóvenes como de sexto grado! Piensa también en todas las mujeres que viven muy por debajo de su potencial solo porque en algún momento alguien les dijo que eran estúpidas, feas o que no tenían talento. Muchas personas necesitan oír del amor que Dios les tiene. George Barna realizó un estudio sobre lo que los estadounidenses creen, y descubrió que dos tercios no han comprendido a Dios en una manera a la que puedan responder. Hay millones de corazones desgarrados, hogares destrozados, vidas despedazadas, y sueños destruidos.

¿Te sientes abrumada? Yo lo estoy. Las necesidades son tan grandes que deseamos enterrar nuestros rostros en la arena de la apatía. Sin embargo, si estamos dispuestas, Dios nos ayudará a involucrarnos en el mundo que nos rodea. Podemos experimentar la asombrosa oportunidad de salvar literalmente una vida si abrimos nuestros corazones, hogares y horarios, a una persona, una hora, una pequeña oportunidad a la vez.

Pasión en el mundo real

Una tarde iba a encontrarme con mi esposo para cenar. Mis hijos pequeños estaban en el asiento trasero de mi auto. El clima era gélido y las densas nubes hacían que todo pareciera gris. Conduje por una calle residencial cerca de una escuela primaria. A mi izquierda vi a un hombre y una joven discutiendo. Había temor en el rostro de la mujer. El individuo comenzó a empujarla, y luego la golpeó. La calle estaba llena de autos, pero ninguno se detuvo.

Mi corazón le gritaba a mi mente: *¡La puede maltratar! ¡La puede violar! ¡Hay que detenerlo!* El hombre estaba tratando ahora de obligar a la mujer a subir a un auto. Me detuve de repente junto al vehículo, bajé la ventanilla.

—Déjala en paz... ¡ahora mismo! Voy a llamar por teléfono a la policía, ¡así que más te vale que la dejes ir y te vayas de aquí!

La joven se liberó y corrió hacia una casa cercana.

Como ya había ocasionado un atasco de tráfico, rápidamente volví a la calzada y giré en la esquina. Otra conductora se salió de la calle y me hizo señas con la mano.

—¿Está ella bien? —preguntó, y luego se ofreció para llamar a la policía con su teléfono.

En ese momento, otro auto se detuvo detrás de nosotras. ¡De repente recordé que un tiroteo de pandillas había ocurrido en esta cuadra solo unas semanas atrás! ¿Venía detrás de mí el hombre enojado? Suspiré con alivio cuando vi que se trataba de otra mujer. Entonces se puso a mi lado y bajó la ventanilla.

—Pensé que debías saber que la joven entró a la casa, y su novio, o lo que fuera, salió huyendo en su auto.

—Gracias —comenté.

—Tenlo por seguro. Yo también lo vi, pero no sabía qué hacer.

Tranquilicé mi palpitante corazón que parecía estar saliéndoseme por la garganta.

—Lo sé... ¡simplemente oré y reaccioné! —exclamé.

La mujer con el teléfono regresó e informó que la policía había recibido una llamada de emergencia de la casa y que estaba en camino.

Me alejé. Desde el asiento trasero mi hijo de tres años dijo:

—Mamá, ¿crees que ese hombre tenga una pistola y venga a dispararnos?

Entonces comencé a clamar:

Dios, él pudo habernos disparado. Pudo haber sacado un arma y haberme disparado, ¡dándole a uno de mis hijos! Pero si esa joven hubiera sido mi hija, habría querido que alguien hiciera lo que hice. Esta carga es muy pesada, Dios. Si veo injusticia, simplemente actúo. Protege a mi familia. Dame sabiduría. Te pido que pongas freno a esta pasión cuando sea necesario frenarla y que liberes toda su furia cuando sea necesario liberarla.

La pasión regresa para bendecir

La pasión es como un búmeran de amor. Cuando vivas tu pasión dada por Dios, Él devolverá bendiciones a tu propio corazón, tu vida y tu familia. Un ejemplo vívido es mi relación con Lisa.

La pasión es como un búmeran de amor.

Lisa entró a mi vida cuando su vecina Joanna y su esposo la trajeron a la iglesia. Joanna se dio cuenta de que las cosas no estaban bien para Lisa en el aspecto familiar. Poco después, el esposo de Lisa se puso tan violento que llamaron a la policía. Entonces él la abandonó por otra mujer, dejándola como madre sola de un hijo de dos años. Puse a Lisa bajo mis alas y la ayudé a reconstruir su vida y su familia, y comenzó a ministrar a otras madres solas. Ella quería evitar más sufrimiento emocional, así que fui parte de un grupo de amigas que "entrevistaron" a sus citas potenciales a fin de detectar individuos que pudieran causarle daño. Finalmente, Lisa conoció a un hombre maravilloso. Les dimos consejería prematrimonial, y mi esposo realizó la ceremonia.

Posteriormente Lisa y su familia se mudaron, pero Dios no la soltó de mi corazón. Yo la llamaba, oraba por ella, y le enviaba recursos. Entonces una mañana desperté temprano con un pánico inexplicable por Lisa. La llamé. Nadie contestó. Llamé a su esposo al trabajo. Averigüé que Lisa estaba tan enferma en su embarazo que había sido hospitalizada. Al volver a casa, su esposo la había encontrado desmayada en el suelo, casi muerta.

La experiencia cimentó nuestra amistad debido a que yo había hecho numerosas llamadas para localizarla, y seguí llamándola para animarla a través de esa prueba, luego a través de la crisis de salud de su esposo con cáncer, además del desempleo de su esposo durante un tiempo. Entonces mi esposo le escribió al esposo de ella una carta de recomendación para un trabajo en una iglesia, y el hombre se integró al personal. Caminé al lado de Lisa mientras desarrollaba Ministerios You Can! e iniciaba su ministerio de conferencista.

Un día, años después, mi propia vida comenzó a trastornarse. Un problema de salud obligó a mi esposo a cambiar de trabajo. Luchamos económicamente. Yo temía perder a Bill debido a su crisis de salud, y tuve que trabajar muchas horas a fin de proveer para la familia. Emocional y físicamente me hallaba agotada. Y Lisa me levantó. Oró todas las semanas conmigo. Sin que yo lo supiera, ayunó con regularidad durante un año a favor de nosotros. Entonces nos habló de una oferta de trabajo en su iglesia que era perfecta para mi esposo, ¡y el esposo de Lisa recomendó al mío!

El amor siempre regresa como un búmeran. La pasión no es "te rasco la espalda y me rascas la mía", sino que es entregarse por completo a Dios y confiarle los resultados. A veces recibes una sensación profunda de satisfacción personal al saber que tu vida cuenta en la vida de otra persona. Otras veces ni siquiera conocerás el fruto en este lado del cielo, pero la sensación de que Dios sonríe ante tu obediencia es suficiente recompensa para tu alma.

Pasión protegida

Era joven y hermosa. Las cabezas se volvían cuando entraba a un salón. Estaba casada con un hombre poderoso y acaudalado, y la vida parecía perfecta. Perfecta… a excepción de un secreto que ella mantuvo oculto de todos, incluido su esposo. Solamente su familia sabía quién era realmente esta mujer.

Entonces un día ella oyó hablar de un complot que dañaría su familia, su cultura, y su futuro. El líder de un grupo extremista radical se había ganado la confianza del marido de ella y había dispuesto la masacre de todo su pueblo. Se encontraba segura, pues el secreto de su identidad étnica no se había sabido; pero otros estaban en peligro. La vida perfecta de esta mujer se desmoronaba ante sus ojos. ¿Qué debía hacer?

Recibió una visita furtiva de su tío y, después que este se fuera, sus palabras resonaron en el corazón de ella: "¿...quién sabe si para esta hora has llegado al reino?". Le había prometido a su tío que intercedería por su pueblo ante su esposo. Su secreto saldría a la luz. Su vida estaría en peligro. ¿Qué podía hacer?

La joven era Ester, de la Biblia, y nos ofrece la respuesta de cómo manejar el miedo:

> Ester dijo que respondiesen a Mardoqueo: Ve y reúne a todos los judíos que se hallan en Susa, y ayunad por mí, y no comáis ni bebáis en tres días, noche y día; yo también con mis doncellas ayunaré igualmente, y entonces entraré a ver al rey, aunque no sea conforme a la ley; y si perezco, que perezca (Ester 4:15-16).

Ester no pereció. Ella y su pueblo se salvaron. Ester se transformó de una joven tímida y temblorosa en una princesa enardecida por la pasión que Dios plantó dentro de ella por el poder de las oraciones de sus amigos. Dios cuida de su gente apasionada.

Si el miedo te impide responder al llamado de Dios en tu vida, pide a alguien cercano a ti que ore contigo. Hoy día casi no estoy tan asustada porque he visto a Dios llevar la carga por la pasión que puso dentro de mí. Él envía personas, recursos, sabiduría y asistencia tangible para ayudar a llevar la pasión que me ha concedido.

Pasión en espera

Parece extraño cuando ocurre, pero en ocasiones Dios llenará tu corazón con pasión y luego te hará esperar. A veces su propósito para tu vida se logra mejor cuando Él pone tu pasión en espera.

Mi esposo y yo nos sentimos llamados a un trabajo cristiano de tiempo completo, pero Dios no nos permitió empezar tan pronto como planeamos. Yo trabajaba y Bill estudiaba en la universidad mientas ambos éramos voluntarios en un ministerio de jóvenes. Esperábamos tanto la graduación como el ingreso directo a tiempo completo en el ministerio de jóvenes. Entonces un colega sugirió que debido a que queríamos un ministerio profesional de por vida, sería prudente invertir en formación de seminario. Mi corazón era una mezcla de obediencia humilde y sueños destrozados. Clamé toda la noche en la sala de espera de Dios. No sabía cómo poner mi pasión en espera. Más educación significaba más espera, y me hallaba cansada de esperar.

Nos resultaba difícil aceptar la manifiesta dirección de Dios. Pedimos consejo al pastor asociado de nuestra iglesia. Este hombre misericordioso nos indicó que Dios, después de poner en nosotros su llamado, estaba conteniéndonos para que nuestra pasión se edificara tal como un carbón encendido puede convertirse en un fuego abrasador. Explicó que Dios estaba asegurando que nuestra pasión fuera suficientemente fuerte para llevarnos a través incluso de los momentos más difíciles. Sentarnos en la sala de espera de Dios transformó nuestra pasión en una actitud sacrificial de: *Señor, haremos lo que sea necesario.*

Pasión desplegada

Dios es maestro en pedir a lo insólito que haga lo imposible. Del dolor levanta una plataforma.

Sojourner Truth era una esclava convertida en evangelista cuando las mujeres y los afroamericanos ni siquiera podían votar, mucho menos predicar. Ella simplemente contaba su propia historia de fe. He aquí el relato de su aparición en la Convención de 1851 de los Derechos de las Mujeres en Akron, Ohio.

> Sojourner caminó hacia el podio y lentamente se quitó el sombrero para el sol. Su cuerpo de un metro ochenta se levantó sobre la audiencia. Con voz profunda y resonante comenzó a hablar: "Bueno, hijos, donde hay tanto estruendo debe haber algo desajustado. Creo que con esa unión de los negros del sur y las mujeres del norte, discutiendo todos de derechos, pronto los hombres blancos estarán en un aprieto. Sin embargo, ¿de qué trata todo esto?".

Sojourner señaló a uno de los ministros. “Ese hombre de allí afirma que las mujeres necesitan ayuda para subir a los carruajes, pasar sobre charcos, y tener el mejor lugar en todas partes —continuó—. Pero a mí nadie me ayuda a tener un mejor lugar. ¿Y acaso no soy mujer?”.

Entonces se irguió todo lo que pudo. “¡Mírenme! Miren mi brazo —exclamó mientras se desnudaba el brazo y flexionaba sus poderosos músculos—. He arado, plantado y cosechado. Y ningún hombre pudo superarme. ¿Y acaso no soy una mujer? Yo podía trabajar y comer tanto como los hombres, cuando podía conseguir algo, ¡y también llevar el látigo! ¿Y no soy una mujer? He dado a luz a mis hijos y he visto a la mayoría de ellos vendidos en esclavitud, y cuando clamé con el dolor de una madre, solo Jesús me oyó. ¿Y acaso no soy mujer?”.

Las mujeres en la audiencia comenzaron a aplaudir estruendosamente.

Entonces ella señaló a otro ministro. “Él habla de esa cosa en la cabeza. ¿Cómo es que se le dicen?”.

“Intelecto”, susurró una mujer cercana.

“Eso es, cariño. ¿Qué tiene que ver el intelecto con los derechos de las mujeres o los derechos de los negros? Si en mi copa solo cabe medio litro y en la de ustedes un litro entero, ¿no serían tan malvados de no dejarme tener llena mi pequeña media medida?”.

Entonces señaló a otro hombre. “¡Ese individuo allí, vestido de negro! Él dice que las mujeres no pueden tener tantos derechos como los hombres, ¡porque Cristo no fue mujer!”. Sojourner permaneció con brazos extendidos y ojos de fuego. “¿De dónde vino tu Cristo? *¿De dónde vino tu Cristo?* —vociferó de nuevo—. ¡De Dios y de una mujer! ¡El hombre no tuvo nada que ver con Él!”.

Toda la iglesia rugió ahora con aplausos ensordecedores.

“Si la primera mujer que Dios creó fue tan fuerte para por sí sola poner al mundo patas arriba, estas mujeres juntas deberían ser capaces de volver a enderezarlo".

Dios tomó el dolor de Sojourner Truth durante todos esos años y lo convirtió en un púlpito de la verdad. La pasión que ella tenía impulsó sus obstáculos humanos pasados hacia el centro de la voluntad de Dios.

Actuamos impulsados por sentimientos cuando es conveniente. ¡Debemos actuar por pasión!

Raíces de la pasión

La pasión de la que estamos hablando no es un simple sentimiento. Actuamos impulsados por sentimientos cuando es conveniente. ¡*Debemos* actuar por pasión! Las convicciones le dan poder a la pasión.

A fin de descubrir lo que realmente te apasiona, hazte estas preguntas clave:

- Cuando la casa está en silencio, ¿a dónde te llevan tus sueños?
- ¿Cuál fue la última situación que te enojó justamente, o te hizo llorar?
- Cuando lees la Palabra de Dios, ¿hay temas comunes en los versículos que marcas?
- ¿Qué te desgarra el corazón?
- ¿De qué hablas más?
- ¿Por qué verdades morirías?
- ¿Por proteger qué principios o creencias irías a la cárcel?
- ¿Por qué personas pondrías tu cuello en la guillotina? ¿Y por qué lo harías?
- ¿Quién y qué te molesta día tras día?

PASIÓN POR LA CUAL MORIR

Muchas mujeres pasan toda la vida sin nunca enfrentar una decisión de vida o muerte. En el mundo occidental fácilmente podemos hablar de varios principios y causas morales. Podemos *esperar* que si llegara el momento diríamos algo como: "Prefiero morir que traicionar mi fe". Tales fueron las palabras que Ann Askew le expresó realmente al señor canciller en el tumulto de la Reforma. Ella fue una de las muchas mujeres valientes quemadas en la hoguera por sus creencias cristianas.

Cuando A. Wetherell Johnson era una joven misionera en China, llevó a la fe en Cristo a una joven, quien comenzó a asistir a un grupo de estudio bíblico. Una mañana le contó a la señorita Johnson: "Desde ayer por la tarde decidí que nunca volvería a adorar ídolos". En ese tiempo, la costumbre en el hogar de esta mujer, como en la mayoría de hogares en China, era inclinarse delante del ídolo de casa cada mañana antes de salir a estudiar o trabajar. Esta joven era la menor de doce hijos y, cuando finalmente llegó su turno, se mantuvo erguida y declaró: "Yo adoro a Jesús y no puedo inclinarme ante el ídolo". Su padre y su madre trataron de convencerla. Al no ceder ella, su padre la sacó y la golpeó sin misericordia, pero sin embargo la chica se negó a adorar al ídolo.

Cuando la joven le contó la historia a la señorita Johnson, esta comenzó a llorar, pero la china comentó: "No llores, maestra. El Señor estaba conmigo tal como estuvo con los tres israelitas en el fuego, y Él me ha aliviado la herida".

A través de los siglos muchas mujeres valientes han muerto por su fe. Una de las primeras mártires registradas fue Perpetua, en el siglo III. La conocemos a través de sus escritos y los relatos de testigos oculares.

Perpetua nació en una familia adinerada, y tenía una esclava de su misma edad, Felícitas. Estas dos jóvenes madres habían llegado a la fe en Cristo y se negaron a renunciar a esa fe. Las desnudaron y las lanzaron a un circo con una vaca furiosa. Hasta las sanguinarias multitudes en el coliseo se horrorizaron ante la escena de una madre reciente, con los senos chorreando leche, lanzada desnuda a tal foso. Resultó que las hicieron volver, les dieron ropa ajustada, y las sacaron. A Perpetua la golpearon primero y la arrojaron al suelo, pero logró incorporarse y, al ver que el vestido se le había roto, buscó el pedazo de tela para guardar su pudor. Se detuvo para recogerse el cabello porque pensó que no sería apropiado que una mártir estuviera desaliñada. La joven se puso de pie, vio a Felícitas golpeada y desgarrada, y corrió a ayudarla. La multitud impaciente exigió que a las dos mujeres las sacaran y las mataran a espada. Perpetua y Felícitas caminaron voluntariamente hasta el centro del circo.

En silencio, los gladiadores atacaron a las mártires. Perpetua gimió cuando la espada se le hundió en el costado. Levantó la cabeza, tomó la temblorosa mano del gladiador y se señaló la garganta. La joven escogió morir por Aquel que había muerto por ella.

Quiero creer que yo sería valiente como Perpetua y Felícitas. Sin embargo, ¿qué significa morir por la fe? Un día, en un momento de intimidad con Dios, leí la declaración doctrinal de la iglesia y las declaraciones doctrinales de varios seminarios y organizaciones cristianas. Quise saber por qué verdades yo moriría. Razoné que si sabía por qué moriría, sabría por qué viviría. He aquí algunas verdades que identifiqué:

- *Infalibilidad de la Biblia.* Mi relación personal con Jesucristo se basa en las Escrituras y, si esta es la base para mi relación con Él, debo estar lista para defenderla. La Palabra de Dios es vida. Mi corazón pronto se secaría sin el precioso alimento de la Biblia. Supe que este era el primer asunto por el cual vivir... o morir.

- *Carácter de Dios.* Dios es Padre, Hijo y Espíritu Santo. Él es el Creador y Sustentador omnisciente y amoroso de vida. Es totalmente bueno, justo e inmutable. Es todopoderoso y siempre fiel. A Dios no le falta nada. Es completamente fiable.

- *Deidad de Cristo.* Si Cristo no es el Dios eterno y encarnado que murió por los pecados de los seres humanos, entonces su sacrificio no es eterno y completo. Si su suficiencia es limitada, entonces mi fe es vana. Jesús *es* Dios, y su sacrificio *es* completo.

- *El Espíritu Santo es Dios.* Jesús prometió que otro de la misma clase vendría a consolarnos, dirigirnos y guiarnos. Dios reside en mí para vivir a través de mí.
- *Soy pecadora.* Mi pecado personal me separa del Dios santo. Soy totalmente imperfecta; por tanto, necesito un mediador para restaurar mi relación. Cristo es ese mediador. La salvación es imposible por cualquier otro medio.
- *Dios obra por medio de la Iglesia.* La Iglesia universal es el método de Dios para alcanzar al mundo con su amor. No, yo no moriría por un edificio, pero sí lo haría por el derecho de congregarme, adorar y proclamar la verdad.

También leí la Constitución de los Estados Unidos, la Declaración de los Derechos, y la Declaración de la Independencia. Estaría dispuesta a ir a una corte de justicia por la mayoría de las palabras en esos documentos, pero moriría solo por algunas de ellas. El derecho a gobernarnos en una democracia es importante para mí. También pasaría el resto de mi vida en una celda de la cárcel por la Primera Enmienda, que garantiza libertad de religión y de expresión. Para que la gente siga llegando a Cristo, no pueden silenciarse la pluma y la voz. De ser necesario, me uniría a mis valientes hermanos y hermanas que pasaron años en campos de concentración, detrás de muros comunistas o en las celdas de naciones religiosas hostiles por el derecho de hablar de Jesús. También, si es necesario, iría a la cárcel por mi derecho a tener y criar mis propios hijos, mi derecho a casarme, mi derecho a votar, y mi derecho a vivir mis convicciones cristianas.

Luego me pregunté *por quién* estaría dispuesta a morir: mi esposo, mis hijos, amigos, parientes… aquellas que estoy discipulando… los inocentes y oprimidos… la lista aumentó.

Después recordé las Escrituras: "Difícilmente habrá quien muera por un justo, aunque tal vez haya quien se atreva a morir por una persona buena. Pero Dios demuestra su amor por nosotros en esto: en que cuando todavía éramos pecadores, Cristo murió por nosotros" (Romanos 5:7-8, NVI). ¿Moriría yo por los injustos, los impíos, mis enemigos? Mi respuesta: *Sí, Señor. Estoy dispuesta a arriesgar mi vida si me das la sabiduría para saber cuándo defender a los oprimidos y cuándo hablar al opresor.*

Pasión purificada

En *Un hombre para la eternidad*, a Sir Tomás Moro frente a la ejecución, el rey y su corte le piden que se retracte de los puntos de vista que tiene sobre el divorcio y el nuevo matrimonio del rey. La familia de Tomás llega y le pide que cambie sus opiniones. Moro contesta: "Cuando un hombre hace un juramento... sostiene en las manos su propio ser. Como el agua. Y, si abre los dedos, renuncia a la esperanza de volver a encontrarse". Negar mis convicciones es negarme a mí misma. Rechazar la pasión que Dios nos concede hará que la vida carezca de sentido.

¿Qué palpita en tu corazón que, si desapareciera, ya no serías tú? Jeremías declaró: "No me acordaré más de él, ni hablaré más en su nombre; no obstante, había en mi corazón como un fuego ardiente metido en mis huesos; traté de sufrirlo, y no pude" (Jeremías 20:9). Jeremías fue llamado a proclamar la verdad de Dios. Incluso si el pueblo no respondía, y no respondió, ¡él siguió predicando porque nació para ser un proclamador!

¿Para qué naciste? Puedes descubrir la pasión que Dios diseñó *exclusivamente para ti*.

¿Has descubierto qué significa "vivir y amar la vida"?

Florence Nightingale fue un desinteresado ángel de misericordia durante la Guerra de Crimea y en los pasillos de los hospitales en Londres. En su diario escribió su pasión por la enfermería: "Oh Dios, pusiste en mi corazón este gran deseo de dedicarme a los enfermos y afligidos. Te lo ofrezco".

Florence luchó por el aseo, la buena comida, y los registros exactos.

En 1860 fundó la primera escuela de enfermería moderna en el hospital St. Thomas de Londres. En esa época no era aceptable que una mujer trabajara tan de cerca con los enfermos, pero su pasión la impulsó a superar estereotipos. Después de trabajar y cuidar enfermas entre campesinas, escribió: "Ahora sé qué es vivir y amar la vida... No deseo otra tierra, ningún otro mundo que este".

¿Has descubierto qué significa "vivir y amar la vida"? Tienes la oportunidad de decir con el profeta Habacuc: "Jehová el Señor es mi fortaleza, el cual hace mis pies como de ciervas, y en mis alturas me hace andar" (Habacuc 3:19). La pasión te llevará a *tus* alturas. Cuando estés allí en el lugar de tu pasión, podrás manifestar: "Sé qué nací para esto".

Sé una mujer influyente

Como un experimento, escribe tres frases sobre momentos que te emocionaron o te hicieron actuar; o escribe cuatro o cinco párrafos de ocasiones en que te centraste en otras personas y sentiste que Dios te utilizó. Ve si hay una característica común en la lista. ¿Alguna repetición de palabras, grupos de gente, o temas comunes? A menudo Dios mismo se repite cuando intenta captar tu atención. Busca los patrones repetidos que señalan el camino hacia tu pasión.

Ahora entrevista a un miembro de tu familia y dos amigas cercanas. Pregúntales qué temas planteas más a menudo. ¿Existen similitudes entre las listas que hiciste y lo que las entrevistas revelan?

Por último, lleva tus listas al Señor. Toma también una declaración de fe de tu iglesia o de una organización cristiana. Pídele a Dios que te muestre para qué causa debes vivir. Confíale la pasión de tu corazón. Haz esta sencilla pero poderosa oración: "Señor, apasiona mi corazón". Luego observa y ve qué oportunidades emocionantes Dios desarrollará en tu camino.

2

Individual
Descubre tu estilo de liderazgo

Lo que eres es un regalo de Dios para ti, en lo que te conviertes es tu regalo para Él.

HENRIETTA MEARS

Me encantan los sombreros. Una de las paredes de mi habitación contiene varios sombreros que he comprado en rebajas en los últimos años. Hace poco una amiga me envió un artículo sobre personas que usan sombreros. Allí se citaba que una experta afirmaba que lo único que no va bien con un sombrero es la timidez. "Tienes que tener mucha seguridad en ti para usar sombrero... El momento en que no te importe lo que piensen los demás, es el momento oportuno para llevarlo". A menudo mujeres me comentan: "Me gustan tus sombreros. Me gustaría usarlos, pero no me veo bien en ellos". Mi respuesta habitual es: "¡Simplemente, no has encontrado el sombrero adecuado! Usar sombrero es una actitud que te pones".

A Carol Navratil, una mujer valiente que lucha contra el cáncer, unos amigos de un grupo de recuperación de esta enfermedad le ofrecieron una "fiesta de sombreros". Le preguntaron cómo llevaba la transición de tener cabello a usar sombreros. Actitud, fue su respuesta. Añadió: "Ponte un sombrero y camina como se supone que deberías".

Ser una mujer influyente es un asunto de encontrar el sombrero adecuado, ¡y luego caminar como se supone que deberías hacerlo!

Ser una mujer influyente es un asunto de encontrar el sombrero adecuado, ¡y luego caminar como se supone que deberías hacerlo! "Somos hechura de Dios, creados en Cristo Jesús para buenas obras, las cuales Dios dispuso de antemano a fin de que las pongamos en práctica" (Efesios 2:10, NVI). Él ha prometido equiparnos para toda buena obra; ¡nosotras simplemente debemos ponernos el sombrero!

¿Somos realmente tan diferentes?

Cuando nos ponemos el sombrero del liderazgo, ¿cómo lideramos? Estudios muestran que hombres y mujeres afrontan el liderazgo de modo distinto. Sally Helgesen mantuvo un diario que seguía las vidas de empresarias y ejecutivas de éxito. Descubrió que las directoras tenían muchas de las mismas características que sus homólogos masculinos, pero también tenían algunas características distintivas de carácter. Ella descubrió que las directoras:

1. Trabajaban a un ritmo constante, como hacían los hombres, pero ellas tomaban durante el día breves "tiempos de inactividad" para recuperar el aliento y aclarar la mente.
2. Hacían intentos deliberados de estar accesibles. Un estudio mostró que las directoras eran el doble de accesibles que sus homólogos masculinos.

3. Integraban la familia y el trabajo. Los hombres tendían a compartimentar sus vidas, mientras que las mujeres las mezclaban. Podría ser natural para una directora hacer su lista de la compra o hablar por teléfono con sus hijos en los cinco minutos entre reuniones. Sin embargo, hombres y mujeres que tenían un conflicto de funciones, divididos entre responsabilidades familiares y laborales, ambos querían políticas empresariales que fueran más favorables con la familia, como trabajo compartido, horario flexible y cuidado infantil.

4. Preferían el contacto personal en vivo. Al igual que los directivos varones, las mujeres prefieren que las conversaciones y la delegación sean tan personales como sea posible: les gusta el contacto directo más que por teléfono, notas o fax.

5. Mantenían una red compleja de relaciones fuera de la organización. Los varones pasaban tiempo equivalente en contactos externos, pero las redes de las mujeres eran más amplias y, a menudo, incluían voluntariado en organizaciones, ministerio e intereses personales que no parecían tan relacionados con el trabajo.

6. Se enfocaban en la ecología del liderazgo, lo cual significa que las mujeres mantienen el enfoque a largo plazo, mientras que algunos homólogos masculinos a menudo se sentían enterrados en el "hoy".

7. Consideraban su propia identidad como algo complejo. Una mujer no es su profesión. Sus carreras solo eran un elemento de quiénes consideraban ser.

8. Programaban el tiempo para compartir información. Las mujeres en el liderazgo tienen en alto valor las relaciones. Tienden a ver las interrupciones por parte de personas como una oportunidad de hablar y edificar la relación, no como la paralización de una tarea.

Otros estudios sobre hombres y mujeres en el trabajo han observado que ellas son ligeramente mejores en habilidades verbales, en lectura de pistas no verbales, en mantener alta energía y tener su propia norma de trabajo interno. Los hombres son ligeramente mejores en tareas espaciales, atención a las estructuras de poder, y comportamientos orientados en tareas. Lo más importante es que los hombres tenían mejor habilidad para verse como líderes.

Las diferencias entre habilidades de liderazgo masculino y femenino pueden llevar a estilos complementarios de liderazgo, especialmente a medida que las mujeres experimentan un aumento de confianza en sí mismas. Cuando una mujer ha interactuado con un grupo durante un período prolongado y su estilo de liderazgo se ha definido, otros ven su competencia. A medida que asimila sus reacciones a ella misma, entonces se ve como una líder, y así lo hace el grupo.

Dios planta dentro de cada una de nosotras deseos, sueños, talentos y habilidades que deben usarse para su gloria. Cada una de nosotras tenemos nuestro propio "sombrero" de responsabilidad para usar, y cada una es una clase diferente de líder. Todas podemos influir de forma única en el mundo que nos rodea.

En las páginas siguientes encontrarás una prueba de estilo de liderazgo, la cual creé después de estudiar los papeles de mujeres en la Biblia. Me sorprendió que mujeres tan diferentes unas de otras pudieran ser todas usadas por Dios de manera tan espectacular. Esta prueba puede ayudarte a aprender más acerca de cómo Dios puede utilizarte como una mujer influyente.

PRUEBA DE ESTILO DE LIDERAZGO

Si una declaración es *muy cierta* respecto a ti, dale tres puntos. Si *es cierta a veces*, dale dos puntos. Si *rara vez es cierta*, dale un punto. Si no estás segura, pregúntate: "¿Hago esto porque sé que es correcto, o me encanta hacerlo porque es lo que soy?". Si es por obligación, da a la declaración un número más bajo. Recuerda que estás tratando de discernir el estilo de liderazgo en que funcionas mejor.

Estilo de liderazgo #1

___ Me atraen los detalles laborales.

___ Observo a personas que necesitan ayuda (enfermas, heridas, etc.), y no huyo de quienes padecen necesidades.

___ Me gusta crear en silencio.

___ Me encanta suplir las necesidades físicas de otros (comida, agua, atención médica, etc.).

___ Me gusta tener compañía en casa. Me veo como hospedadora.

___ Quiero que mis posesiones materiales se utilicen para ayudar a otros, por lo que no me importa prestarlas.

___ Me gusta educar o animar personalmente, o incluso en silencio haciendo cosas buenas.

___ Mis amigos me ven como una madre de corazón.

___ No me importa servir. En realidad, no me gusta ser el centro de atención, por lo que evito atraer la atención sobre algo que he hecho.

___ Otros me felicitan por mi capacidad de sacrificio.

___ **Total**

Estilo de liderazgo #2

___ Creo que la oración logra más que el trabajo rutinario.

___ Espero con impaciencia la adoración privada y disfruto dirigir a otros en adoración.

___ Cuando alguien me pide que ore, hago una prioridad recordar hacerlo.

___ Me gusta usar mis talentos como una manera de adorar a Dios en vez de simplemente satisfacer las necesidades de las personas.

___ Me gusta llevar un registro de respuestas a las oraciones o las peticiones de oración.

___ Entiendo la necesidad de la guerra espiritual, y me gusta preparar a otros en este aspecto.

___ Me gusta ser parte de ayudar a gente difícil como drogadictos, pandilleros o personas sexualmente desviadas.

___ No me gusta destacarme ni las multitudes.
___ Otros me agradecen por "estar ahí" para ellos en momentos difíciles.
___ Me gusta aconsejar a otros cuando tienen problemas.
___ **Total**

Estilo de liderazgo #3

___ El tiempo se me pasa volando cuando estudio la Biblia. Disfruto prolongados bloques de tiempo de estudio.
___ Me gusta preparar planes de lección. Puedo extraer los puntos principales de lo que leo u oigo.
___ Me gusta enseñar a un grupo considerable de personas.
___ Me gusta discipular a creyentes jóvenes.
___ Busco oportunidades de compartir con otros lo que sé, para que ellos también puedan saberlo.
___ Prefiero tener algunas amigas cercanas en lugar de muchas conocidas.
___ Me gusta ver que mis estudiantes tengan éxito, incluso si me superan en la escalera profesional.
___ Me gusta ayudar a clarificar el pensamiento de las personas.
___ Otros me agradecen por enseñarles a hacer cosas.
___ Preferiría manejar personas que productos.
___ **Total**

Estilo de liderazgo #4

___ Me gusta hablar en público.
___ Me gusta conocer nuevas personas.
___ Me gustan los debates, aunque se vuelvan bulliciosos.
___ Oír opiniones opuestas no me hace tener menos seguridad en las mías. No tengo miedo de asumir una posición pública.
___ Con regularidad leo la página de opinión, escucho entrevistas radiales, y veo programas televisivos de noticias.
___ Me encantan las revistas y los libros porque en conversaciones puedo usar cosas que he aprendido en ellos.

___ Me gusta persuadir a otros.
___ Me atraen las ventas o las posiciones de portavoz.
___ Me siento cómoda hablando en público de mis creencias religiosas personales.
___ Otros elogian mis habilidades verbales.
___ **Total**

Estilo de liderazgo #5

___ Yo era animadora, o quise ser una, cuando era más joven.
___ Otros me ven como visionaria. Me encanta soñar y planificar.
___ Veo el potencial en personas y circunstancias.
___ Disfruto inspirar a otros y entrenarlos a que den lo mejor de sí.
___ Con regularidad escribo notas de aliento o envío tarjetas para ocasiones especiales.
___ Tengo una larga lista de tarjetas de Navidad.
___ Me siento cómoda en ambientes sociales.
___ Me gustan cosas sentimentales como poesía, películas dramáticas y álbumes de fotografías.
___ Soy optimista.
___ Otros me agradecen por creer en ellos.
___ **Total**

Suma tus puntos por cada estilo de liderazgo. Es probable que seas más fuerte en una o dos áreas. Si tienes la misma puntuación en todas las áreas, vuelve a hacer la prueba, preguntándote si así es como te ves realmente; o haz que alguien que te conozca bien haga la prueba como si estuviera respondiendo por ti.

El objetivo de la prueba de liderazgo no es encasillarte sino revelar la líder que hay dentro de ti. Dios te diseñó para influir en tu mundo; Él quiere que veas cómo puedes lograr esta tarea mientras sigas siendo tú misma. Revisa ahora las descripciones abajo para identificar diferentes estilos de liderazgo.

ESTILO DE LIDERAZGO #1: LA ABASTECEDORA

"Sirviendo de buena voluntad, como al Señor y no a los hombres" (Efesios 6:7).

El rasgo dominante de una *abastecedora* es que ve una necesidad y, silenciosamente, emprende la tarea de proveer para satisfacerla. Esta mujer lidera tras bambalinas: Podría ser una administradora dotada. También podría tener los dones de ayuda, misericordia, hospitalidad o entrega. Esta líder sin duda no convocará una conferencia de prensa o a las tropas a fin de lograr satisfacer una necesidad; no obstante, es estratégica al reunir un pequeño grupo de personas con el objetivo de lograr una tarea.

Las abastecedoras ven los detalles. Se aferran a la tarea hasta que se complete, y acompañan a la persona hasta que esta sea estable y autosuficiente. A menudo las elogian por su lealtad. Las abastecedoras dirigen de corazón abierto. Les atraen profesiones donde puedan trabajar con tranquilidad y constancia. Es en su fidelidad a la más humilde de las tareas donde se halla su plataforma de liderazgo. Las abastecedoras mantienen funcionando sistemas informáticos, encuentran personal para hospitales, gestionan hoteles, preparan nuestra comida y mantienen organizaciones en marcha. Son líderes como Marta, quien se encargó de las necesidades físicas del Salvador mientras Él ministraba. Pueden estar tras bastidores haciendo pan tradicional judío, pero su madurez es profunda. Fue Marta quien declaró cuando murió su hermano: "Señor, si hubieses estado aquí, mi hermano no habría muerto. Mas también sé ahora que todo lo que pidas a Dios, Dios te lo dará" (Juan 11:21-22).

La iglesia primitiva en Hechos no hubiera podido despegar sin las anfitrionas de las iglesias en casa. El templo no habría funcionado sin mujeres como Ana, quien sirvió noche y día haciendo preparativos. El toque personal habría desaparecido de la iglesia en ciernes sin mujeres como Tabita y Lidia, quienes se movían en silencio en sus comunidades, proveyendo para las necesidades de los menos afortunados.

Las abastecedoras a menudo ven sus posesiones como regalos de Dios, y utilizan sus bienes materiales para ayudar a otros. Una abastecedora amiga mía tiene un llamado especial de animar a otras mujeres en el ministerio. Se crió en un hogar ministerial, por lo que conoce las tensiones y presiones específicas. Ella usa su don de hospitalidad para animar a quienes están en la vanguardia. Una madre que es abastecedora siempre tiene refrigerios extra para las multitudes de niños que juegan en casa de ella.

La única ruina de una abastecedora es que es tan buena en sacrificarse por las necesidades ajenas que podría juzgar a otros por su disposición o falta de voluntad hacia el sacrificio. Los hijos criados por una madre que hace alarde de cómo se sacrifica pueden volverse amargados y sentirse culpables. Pero una madre que es verdaderamente sacrificada no se convertirá en mártir, porque ve su sacrificio tan solo como el deber de satisfacer la necesidad del momento.

Susannah Wesley tenía el corazón de una abastecedora. Estudió griego, latín, francés, lógica y metafísica... y amaba la Biblia. Comenzó en su sala un estudio bíblico que creció hasta convertirse en un grupo de más de doscientas personas. Ella utilizaba su conocimiento mientras educaba sin ayuda a diez hijos. (Dio a luz diecinueve, pero solo diez sobrevivieron a la infancia). El estilo maternal de Susannah era muy deliberado: enseñaba a sus hijos desde las 9 de la mañana hasta el mediodía y les oía recitar versículos todos los días desde las 2 de la tarde hasta las 5. La disciplina y el dominio propio que aprendieron en las rodillas de su madre lanzaron a dos de sus hijos, Carlos y Juan, a una obra dinámica para Dios cuando fundaron el movimiento metodista.

Ya seas soltera o casada, madre o abuela, si eres abastecedora, una parte de ti se preocupa realmente de que las cosas se hagan bien. Quieres que la vida funcione de modo apacible y eficaz. Las personas dependen de ti por tu habilidad para hacer que eso suceda. Tu meticulosidad asegurará tu influencia.

Estilo de liderazgo #2: La suplicante

"Este género con nada puede salir, sino con oración y ayuno" (Marcos 9:29).

La *suplicante* es una abogada. Representa las necesidades de otros ante Dios por medio de la oración. La puede atraer el campo de la ley o el trabajo social. O puede ministrar a miembros de pandillas, compañeras de prisión, adictas y a otras personas espiritualmente esclavizadas por el pecado o las circunstancias. Para una suplicante no hay vecindarios difíciles. Tiene una audacia externa porque dispone de una seguridad interna de parte de Dios. Ella entiende y comunica la necesidad de la guerra espiritual. Puede atraerle la consejería debido a su perspicacia tan especial. Las personas necesitadas tienen una manera de aterrizar en la puerta de esta mujer.

Débora fue una suplicante. Dios la llamó a ser una juez en un tiempo de la historia de Israel en que la gente hacía lo que le parecía bien a sus propios ojos. Débora estaba espiritualmente sintonizada, y el pueblo lo sabía. Se sentaba bajo un árbol y la gente acudía de todas partes para que ella juzgara sus casos. Sin embargo, Débora no solo se sentaba debajo del árbol; también se levantaba y se involucraba. Barac, el general del ejército israelita, le pidió que fuera a la batalla con él, ¡y esta mujer fue! En consecuencia, Israel ganó.

A menudo, los amigos de los hijos de madres que son suplicantes acuden a ellas en busca de consejo. Estas madres inician grupos de oración, organizan grupos de vigilancia del vecindario, y recogen firmas para diversas causas. Las madres con este estilo de liderazgo oran primero y sermonean poco. Mi hijo le pidió a una de mis amigas con este don que orara por su "arañazo". Cuando le pregunté a mi hijo por qué le pidió oración a ella y no a mí, respondió: "Mamá, sé que puedes orar por mí, pero ella ora todo el tiempo. ¡Pensé que funcionaría más rápido!".

A las mamás suplicantes pueden acusarlas de espiritualizar demasiado los problemas. Uno de mis hijos se pone un poco rebelde si está cansado o hambriento. Una vez, una madre suplicante se asombró de ver lo rápido que el estado negativo de ánimo del niño se volvió positivo después que se comió un bocadillo. Ella me confió que había estado orando por mi hijo porque creía que él tenía una inclinación rebelde. ¡Le dije que siguiera orando porque todos tenemos una inclinación rebelde!

Elizabeth Dole ha servido bajo seis presidentes. En 1991 se

convirtió en la primera mujer, desde Clara Barton, en servir como presidente de la Cruz Roja. Ella es insistente en su lucha por causas buenas. Elizabeth creció en su estilo de liderazgo bajo los ejemplos de su abuela y su madre. Su abuela perdió un hijo cuando fue asesinado por un conductor ebrio. Cada centavo de la póliza de seguro sirvió para construir un hospital misionero en el extranjero. El recuerdo más vívido que Elizabeth tiene de su madre es verla de rodillas orando.

Elizabeth Dole busca formas de retribuir a la comunidad y marcar una diferencia. Le gusta ofrecer fiestas de cumpleaños a la inversa, donde los invitados traen donaciones para caridad. La primera fue en una fiesta en el Sarah's Circle, una organización patrocinada por la iglesia que alberga a personas desamparadas en Washington, D.C. Elizabeth manifiesta: "No podemos tomar todo lo que Dios nos da, y luego no hacer nada por los menos afortunados. Las preguntas que querré hacerme cuando tenga noventa años de edad y recuerde mi vida no son: ¿Cuánto dinero gané? ¿Cuántos títulos, premios u honores recibí?, sino más bien: ¿Qué defendí? ¿Tuve alguna influencia positiva en otras personas?".

Estilo de liderazgo #3: La preparadora

"Toda la Escritura es inspirada por Dios, y útil para enseñar, para redargüir, para corregir, para instruir en justicia" (2 Timoteo 3:16).

La mujer que es una *preparadora* tiene la paciencia de enseñar y la convicción de que enseñar es importante. El momento en que una preparadora gana una habilidad, quiere entregarla preparando a alguien más. Ella podría estar muy contenta en su campo, pero su verdadero deleite es entrenar y adiestrar a otros. A una preparadora no le importa que sus alumnos la sobrepasen en la escalera profesional; en realidad, lo espera y se alegra en ello.

La preparadora se pierde en el estudio. Le encantan los libros, la biblioteca, la investigación, y el bosquejo y la preparación de lecciones. A menudo pierde la noción del tiempo cuando está inmersa en el estudio.

A la preparadora le encanta enseñar al mismo grupo constante de estudiantes porque el crecimiento en ellos es su mayor recompensa. No le importa hablar públicamente, pero lo hace a fin de preparar más a otros que porque no se puede callar. Su método es su mensaje. Ella quiere que otros obtengan las "instrucciones" de vida.

Priscila tenía el corazón de una preparadora. Junto a su esposo llevaron a Apolos a un lado para orientarlo en teología porque él no había recibido una enseñanza completa (Hechos 18:24-28). Servir como mentoras y discipular a otros resulta natural para las preparadoras.

Las madres que son preparadoras tienen hijos que realizan bien las tareas domésticas a temprana edad. A las preparadoras les gusta enseñar artes o cocina a grupos de niños. A los chicos les encantan las casas de las preparadoras porque se sienten más inteligentes.

Sin embargo, las mamás preparadoras también deben tener cuidado con la mentalidad de "mi manera es la correcta" porque esta se introduce fácilmente en la enseñanza que imparten. Si esto sucede, sus hijos y quienes están bajo su influencia se sentirán derrotados.

A. Wetherell Johnson, fundadora de Comunidad de Estudio Bíblico, tenía corazón de preparadora. Su método de análisis en grupos pequeños acompañado por una charla, notas de estudio para llevar a casa, y una lección, se ha convertido en un modelo para ministerios en todo el mundo. A principios de su ministerio le pidieron que hablara a un grupo de jóvenes, y ella no quiso tan solo darles su testimonio, así que decidió hablar sobre un texto de las Escrituras. Wetherell escribió: "Creí que sería fácil, pero terminé avergonzada en menos de cinco minutos, reconociendo demasiado tarde que hablar para Dios necesitaba cuidadosa preparación". ¡Regresó y se comenzó a preparar! Y es por sus habilidades en la preparación que a esta mujer se le conoce mejor.

Estilo de liderazgo #4: La proclamadora

"Sin vacilar les he proclamado todo el propósito de Dios" (Hechos 20:27, NVI).

¡A esta mujer le *encanta* hablar! Se siente cómoda reuniéndose con nuevas personas, y tiene fuertes habilidades verbales. Le gusta debatir, negociar, moderar y presentar eventos. Siempre tiene una historia que contar. La *proclamadora* dirige siendo portavoz. No teme hablar en público, ni le asusta tomar una posición pública por sus creencias. Ella es tenaz cuando la critican y cree que las malas ideas de otros deberían responderse con más discurso. No pretende que sus críticos se callen, porque anhela convencerlos de que se pongan de su lado.

A la proclamadora le atrae una carrera donde pueda ganarse la vida hablando. Puede ser vendedora, representante de servicio, portavoz, actriz, entrevistadora de radio y televisión o personalidad mediática. A menudo encontrarás proclamadoras en política, sirviendo como activistas o especialistas en relaciones públicas. En organizaciones de voluntarios, la proclamadora, por lo general, es la que tiene mayor contacto con el público.

Beverly LaHaye tiene corazón de proclamadora. Durante la década de los setenta sintió que estaban minimizándose los asuntos de las mujeres. En 1979 reunió un grupo de ellas y formó Mujeres Preocupadas por los Estados Unidos. Hoy día este grupo es la mayor organización femenina de política pública en la nación, con más de 500.000 miembros en todo el país.

Las mamás proclamadoras son divertidas en la mesa de comedor y a la hora de dormir porque tienen grandes historias que contar. Sus hijos a menudo forman opiniones respecto a asuntos serios a temprana edad. Los hijos de proclamadoras conocen siempre la filiación política de sus padres. Los padres proclamadores deben cuidarse de no sermonear cuando deberían estar escuchando.

Hulda era una proclamadora que fue convocada por el rey Josías, quien encontró un rollo y quiso saber si este provenía de Dios. Es probable que Hulda fuera una maestra, quizás alguien que enseñaba a mujeres de su casa cerca del templo. Confirmó que el rollo provenía de Dios. También le dio a Josías una profecía alentadora con relación al futuro del rey… y una profecía severa para el futuro de la nación rebelde. Debido a la valiente proclamación de Hulda, Josías ordenó la lectura del rollo delante de todo Israel. Es interesante que en la breve descripción de la proclamación de Hulda se encuentre cuatro veces la frase "así ha dicho Jehová". Es evidente que esta mujer sabía que solo era una vasija, una voz para Dios (2 Reyes 22:14-20; 2 Crónicas 34:22-28).

La gente suele creer que las proclamadoras nacieron con un micrófono plateado en las manos, pero es común que Dios levante proclamadoras sacándolas de la oscuridad.

Amanda Smith fue una criada nacida en esclavitud. Su primer marido la abandonó, y el segundo murió. Como viuda negra en la era posterior a la Guerra Civil, sus opciones de emplearse eran escasas. Amanda siempre había amado a Dios y había sido fiel a la iglesia. Poco después de la muerte de su segundo marido, ella sintió un claro llamado a predicar. Esta era una decisión profesional poco probable. Amanda viajó por todo el norte y el sur de Estados Unidos, a Inglaterra, y luego a la India.

Debido a su género, a veces se veía a Amanda como una agitadora a favor de la ordenación de las mujeres o del derecho femenino al sufragio. Ella contestaba: "La idea de la ordenación nunca había entrado en mi mente, porque yo recibí mi ordenación de Aquel que dijo: 'No me elegisteis vosotros a mí, sino que yo os elegí a vosotros, y os he puesto para que vayáis y llevéis fruto'" (Juan 15:16).

Estilo de liderazgo #5: La alentadora

"Considerémonos unos a otros para estimularnos al amor y a las buenas obras" (Hebreos 10:24).

La *alentadora* es la mujer que dirige por estímulo. Anima. Entrena a otras de su equipo hacia el éxito. Esta clase de líder está dotada con la habilidad de tener gran fe en Dios y de creerle para lo que parece imposible. Otros la ven como una visionaria porque puede imaginar un futuro brillante y estrategias sobre cómo llegar allá. El optimismo es su cualidad más evidente.

La alentadora es la mujer que ve potencial en todos. Ya que es tan buena con la gente, reúne amigas tal como otras mujeres recogen flores. Su lista de tarjetas navideñas tiene un kilómetro de largo, porque mantenerse en contacto con la gente es importante para ella. No le tiene miedo a sus emociones, y se da el lujo de expresar libremente sentimientos emocionales, en especial si la otra persona será fortalecida.

¡Los hijos de las alentadoras tienen una gran autoestima! Estas mujeres son las madres del equipo perpetuo. Una alentadora nunca pierde una oportunidad de aplaudir a su hijo. A los amigos de sus hijos les gusta jugar en la casa de la alentadora porque allí siempre parece que hay una fiesta y todos salen sintiéndose bien. Sin embargo, el idealismo de la alentadora puede ser una fuente de dolor para ella y su familia. Debido a que la alentadora es tan optimista, puede caer en la trampa de exagerar sus fortalezas o las de sus hijos. Si tales atributos fallan, se siente como un duro golpe.

Las alentadoras son tan optimistas que quienes están cerca de ellas pueden sentirse intimidadas. Para muchas personas, las elevadas metas y aspiraciones de la alentadora son tan arrogantes que lograr algo menor es un fracaso. Una verdadera alentadora establece objetivos elevados porque estos dan a Dios mucho espacio para obrar. Ella considera cualquier defecto solo como un revés menor o un desafío para crecer más. Para la alentadora, cualquier movimiento es motivo de emoción. Su objetivo es simplemente inspirar a otros a intentar.

En la Biblia, María fue una alentadora. Éxodo 14—15 ofrece el relato de Dios dividiendo el Mar Rojo a fin de liberar del cautiverio egipcio a Israel. Aprovechando el momento, María tomó una pandereta y comenzó a danzar. Seguramente que fueron miles de mujeres las que se le unieron cantando y danzando. María cantó la alabanza de Dios: "Cantad a Jehová, porque en extremo se ha engrandecido; ha echado en el mar al caballo y al jinete" (Éxodo 15:21). Israel debía aprender a alabar otra vez. María, que ya tenía más de ochenta años, animó al pueblo a alabar.

Todos necesitamos oír palabras de ánimo que nos ayuden a luchar contra nuestro pensamiento negativo y contra las mentiras que Satanás lanza a nuestro paso. Creo que es por eso que las mujeres con este estilo de liderazgo se encuentran en una amplia gama de profesiones. Todo equipo necesita una animadora; cada persona necesita esperanza.

¿Quién es tu audiencia?

En el antiguo Israel apartaban a artesanos, artistas y músicos talentosos para un trabajo especial en el templo. De igual manera, nuestros estilos de liderazgo dictaminan el modo en que utilizamos los talentos que Dios nos concede.

La audiencia que tratamos de alcanzar puede ayudarnos a enfocar nuestro estilo de liderazgo y así hallar el mejor uso para nuestros dones. Por ejemplo, algunos artistas solistas tienen la carga de cantar para alcanzar a la gente sin iglesia, mientras otros cantan para inspirar a que la iglesia actúe. Dos audiencias distintas, dos llamados distintos, pero el mismo talento.

Romper el techo de cristal

El debate sobre el papel de las mujeres en el liderazgo de la iglesia se ha dado por siglos, y aún continúa. Para que una mujer sea libre de dirigir debe contestar sus propias preguntas acerca del rol femenino en el liderazgo de la iglesia. He aquí algunos pensamientos de algunas líderes modernas:

Anne Graham Lotz, hija del renombrado evangelista Billy Graham, explica su llamado a enseñar la Palabra de Dios en todo el mundo, comparando su vida con la de María Magdalena. María siguió a Jesús, se sentó a recibir sus enseñanzas, lo siguió a través del calvario en la cruz cuando todos los discípulos huyeron menos Juan. Lo siguió cuando fue bajado de la cruz, y ayudó a prepararlo para la sepultura. Llegó temprano trayendo costosas especias para la tumba de Jesús; allí Él se le reveló y ordenó que fuera y que contara a los discípulos lo que había sucedido.

Así como María fue comisionada, así Anne se siente comisionada. "La autoridad no está en una posición que yo tenga, sino en la Palabra de Dios y en el poder del Espíritu Santo que la reviste". La clave es un corazón de sierva y una actitud obediente. Anne sigue afirmando: "Soy una mujer bajo compulsión. Estoy atada por la evidencia de ofrecer una expresión verbal de lo que sé, de lo que he visto, de lo que he oído, de lo que he experimentado por fe, y de lo que Él [Dios] me ha dicho en su Palabra".

Jill Briscoe declara: "El Espíritu Santo decide qué dones tienes. Tú no decides". Nuestra labor como mujeres influyentes es descubrir nuestros dones. La doctora Ruth Tucker afirma que el mejor argumento para las mujeres en el liderazgo de la Iglesia es que todos, tanto mujeres como hombres, debemos obedecer los mandatos bíblicos de ir y hacer discípulos (Mateo 28:19), y "que prediques la palabra; que instes a tiempo y fuera de tiempo; redarguye, reprende, exhorta con toda paciencia y doctrina" (2 Timoteo 4:2). Dios espera que personas de ambos géneros obedezcan sus mandatos.

Dios espera que personas de ambos géneros obedezcan sus mandatos.

Es probable que esta cuestión del papel de una mujer en el liderazgo cristiano nunca se resuelva a satisfacción de todo el mundo. Puede que nunca sepamos todas las respuestas, por lo que la mejor fuente de acción es seguir formulando preguntas incluso mientras salimos e influimos. Gretchen Gaebelein Hull, en *Equal to Serve* [Igualdad para servir], plantea muchas preguntas que hacen reflexionar que una mujer influyente debería tratar de contestar lo que dice la Palabra de Dios para que pueda ser fiel al Señor y a sí misma:

- ¿Qué consejo nos ofrece la Biblia en nuestra búsqueda de aprobación?
- ¿Es bíblica nuestra tradición?
- ¿Renunciarás a cualquiera de tus derechos y a cierta posición… y obedecerás el llamado divino?
- ¿Aceptarás la autoridad de Dios?
- Al final, ¿de quién es la aprobación que más te importa?

Una mujer influyente piadosa no eludirá la Biblia a fin de ser la jefa. Aceptará la Palabra de Dios para encontrar su lugar exclusivo en el liderazgo. A medida que he estudiado el asunto del liderazgo femenino en las Escrituras, he hallado útiles las siguientes preguntas:

- ¿Cuál es el contexto de esta pregunta o de este pasaje de las Escrituras? ¿Es esta orden específica para un tiempo y una época particular, o quizás este mandato atraviesa culturas y edades?
- ¿Cuál es el consejo entero de Dios sobre este asunto? ¿Dónde más se plantea la cuestión en la Biblia?
- ¿Qué puntos de vista puedo obtener de escritos de eruditos e historiadores bíblicos con relación a este asunto?
- ¿Qué perspectivas puedo obtener de la investigación del lenguaje original?

¡Ponte el sombrero!

Confiar en Cristo es una actitud de dependencia en Él. "No que seamos competentes por nosotros mismos para pensar algo como de nosotros mismos, sino que nuestra competencia proviene de Dios" (2 Corintios 3:5). Puede que no *sintamos* ganas de usar el sombrero de influencia. Puede que no nos *sintamos* calificadas. Puede que no nos *sintamos* comprometidas. Puede que no nos *sintamos* motivadas. Sin embargo, cuando confiamos en Dios y actuamos de acuerdo con los dones y las habilidades que nos concede, nuestros sentimientos nos alcanzarán. Dios se encargará de que tengamos toda la capacitación y los recursos que necesitamos.

Este poema me ayuda a ver la influencia a través de los ojos de Dios:

> "¿Dónde trabajaré hoy, amado Señor?",
> y mi amor fluyó cálido y libre.
> Él respondió, diciendo: "¿Ves ese pequeño lugar?
> Cuida ese lugar para mí".
> Contesté, exclamando: "Oh no, ¡allí no!
> Nadie me vería jamás
> por bien que yo haga mi trabajo,
> ¡Ese pequeño lugar no es para mí!".

Su voz, cuando habló, era suave y apacible.
Me respondió tiernamente:
"Pequeña, busca ese corazón tuyo.
¿Estás trabajando para ellos... o para mí?
Nazaret era un lugar pequeño... y también Galilea".

A menudo las cosas grandes crecen al obedecer las pequeñas. Fern Nichols era una madre y ama de casa en Poway, California, cuando sus dos hijos mayores empezaron a ir a la escuela pública. Le pidió a una amiga preocupada que orara por ella, y nació el ministerio internacional Madres Unidas para Orar. Ahora hay aproximadamente 20.000 grupos en los Estados Unidos, contactos en más de 95 países, y más de 150.000 mujeres involucradas en el ministerio en todo el mundo para orar una hora a la semana por sus hijos, los maestros de sus hijos, y el sistema educativo. Fern Nichols atribuye humildemente a "solo estar disponibles" como la razón de que Dios utilice a mujeres como ella. "Cuando deseamos permanecer a diario en la vid, nunca sabemos qué día Él decidirá cambiar para siempre nuestra vida y las vidas de otros".

Ser receptiva al papel único de liderazgo que Dios tiene para ti cambiará para siempre tu vida... y las vidas de otras personas. Tu influencia es exclusiva, así que... toma tu sombrero e ingresa en el sueño de Dios para ti.

Sé una mujer influyente

Pide a una mujer madura, que te conozca bien, que haga por ti la Prueba de Estilo de Liderazgo. Haz que inserte tu nombre (en lugar de "No me gusta ser el centro de atención", se verá "A Pam no le gusta ser el centro de atención"), y mira si sus resultados son iguales a los tuyos. Hablen de las similitudes y diferencias.

3

Íntima

Relaciónate con tu Creador

No puedes hacerlo, Dios nunca dijo que podrías. Dios puede, Él siempre dijo que podría hacerlo.

Jill Briscoe

"¡Oh no!", grité mientras miraba incrédula el medidor de gasolina. Este era uno de esos días agitados, terribles, horribles, nada buenos, muy malos. Tenía una lista de cosas por hacer del tamaño del directorio telefónico de una ciudad, y ahora el motor de mi auto comenzó a explosionar y se detuvo en la autopista. Se negaba a continuar a pesar de mis súplicas: "Casi estamos en la rampa de salida, ¡al menos puedes llegar allí! Muévete, por favor, solo un poquito más. No te quedes sin gasolina. No aquí. ¡No ahora!".

Sin combustible. La frase me resonó en la cabeza. *Así es como me siento, Señor. He dado y dado mucho últimamente. Estoy quedándome vacía.*

Mientras caminaba por la autopista hacia la rampa de salida trataba de racionalizar. *Dios, sabes que he estado muy ocupada: escuela, niños, trabajo, ministerio, casa…* Las palabras sonaban vacías. Yo era consciente de que había descuidado mi tiempo con Dios y su Palabra. *Tienes razón, Señor. La semana pasada me he alimentado espiritualmente con unos dos minutos diarios de lectura devocional.* Reflexioné en lo físicamente seca que me volvería si comiera solo un pastelito al día. Con razón mi tanque espiritual estaba vacío, exactamente como mi auto.

En conexión con Dios

Dios nos invita a tener una relación íntima con Él. La palabra "intimidad" viene del latín *intimus*, que significa "lo más secreto". Dios quiere que conozcamos sus pensamientos más secretos. Asociada con la palabra *intimidad* está *entusiasmo*, que literalmente significa "con Dios dentro". Cuando tenemos a Dios en nuestro interior y conocemos sus pensamientos más secretos, el resultado es energía imparable porque es algo sobrenatural.

Cuando tenemos a Dios en nuestro interior, y conocemos sus pensamientos más secretos, el resultado es energía imparable porque es algo sobrenatural.

Podríamos creer que debemos esperar hasta el cielo para conocer realmente a Dios, pero Jesús expresó: "Esta es la vida eterna: que te conozcan a ti, el único Dios verdadero, y a Jesucristo, a quien has enviado" (Juan 17:3). La vida eterna empieza en el momento que se nos presenta a Jesús personalmente. El clamor del apóstol Pablo se capta en sus palabras: "Cuantas cosas eran para mí ganancia, las he estimado como pérdida por amor de Cristo. Y ciertamente, aun estimo todas las cosas como pérdida por la excelencia del conocimiento de Cristo Jesús, mi Señor" (Filipenses 3:7-8).

Volvamos a conectarnos

Algunas mujeres hemos caído presa de mentiras acerca de nosotras mismas y de nuestra relación con Dios. Una mentira que oí una y otra vez siendo estudiante universitaria fue que, debido a que soy mujer, estoy separada del Dios de la Biblia. El argumento nos decía a todas las mujeres que, puesto que Dios escogió revelarse usando el pronombre personal *Él*, todas las *ellas* están separadas de Dios.

Pues sí, Dios eligió revelarse como *Él*; pero cuando llegamos a conectarnos con Dios, descubrimos que Él trasciende el debate del género. Dios creó al hombre y a la mujer a su imagen (Génesis 1:27). En Cristo no hay varón ni mujer (Gálatas 3:28). Dios anhela relacionarse con cada ser humano individual, sea hombre o mujer. A fin de reconectarnos, lo único que debemos hacer es pedir. Simplemente hablar con Dios, como hablarías con un amigo. Admite que eres imperfecta y que ansías ser aceptada por Él. Jesús vino a la tierra a reconectarnos con Dios; solo necesitamos recibir el regalo del sacrificio que hizo por nosotros.

C. S. Lewis, el extraordinario filósofo y escritor de Oxford, hizo que uno de sus personajes ficticios explicara que cuando las personas "sean completamente de Dios, serán más ellas mismas que nunca". Dios nos creó y nos libera para que seamos todo lo que podamos ser.

La Palabra de Dios, la Biblia, es su carta de amor para ti. Cada mujer puede construir su relación con Dios oyendo, leyendo, estudiando, memorizando y obedeciendo la Palabra de Dios. Dentro de sus páginas hallarás todo lo que necesitas para llevar una vida de esperanza y significado. Kay Arthur, autor de Estudios Bíblicos Precepto, manifiesta: "Todo hijo de Dios necesita desesperadamente un conocimiento personal e íntimo de la Palabra… El Señor nos dio un tiempo de vida, y eso es lo que se necesita para minar los tesoros de su Palabra".

He aquí seis métodos sencillos que he encontrado y que toda mujer puede usar para estudiar personalmente la Biblia:

1. ***Ser reportera de noticias.*** En la clase de Periodismo se nos enseñó una lista de preguntas cortas para usar en cada entrevista: *¿Quién? ¿Qué? ¿Dónde? ¿Cuándo? ¿Por qué? ¿Cómo?* Puedes abrir tu Biblia en cualquier versículo, hacer estas preguntas sencillas, escribir las respuestas, y habrás aprendido

lo fundamental de ese versículo. El interrogante *cómo* funciona mejor en calidad de pregunta de aplicación: "¿Cómo puedo usar lo que acabo de aprender?".

2. ***Ser psicóloga.*** Hazte observadora de una persona en la Biblia. Lee y registra las palabras y acciones de esa persona. Luego podrás extraer sus rasgos de carácter. La manera más fácil de lograr un estudio del personaje es tomar una concordancia, buscar el nombre de la persona, y escribir todos los versículos relacionados. Lee las historias de la persona en su contexto. Después contesta estas preguntas: ¿Qué hizo ________? ¿Qué conoció ________? ¿Qué dijo ________? ¿Qué característica se describe o sugiere? ¿Cómo puedo ser igual a ________? ¿Por qué *no* querría ser como ________?

3. ***Ser florista.*** Así como una florista reúne excelentes flores de todo el mundo para crear un hermoso ramo, puedes recoger versículos sobre un tema a lo largo de toda la Biblia. Explora preguntas difíciles como: "¿Por qué existe el dolor y el sufrimiento?", "¿Cómo puedo tratar con mis temores?", "¿Qué dice Dios acerca del divorcio?". Usa tu concordancia para buscar cada palabra o frase que tal vez se relacione con tu pregunta. Por ejemplo, para una pregunta acerca del dolor, yo buscaría *dolor, sufrimiento, persecución* y posibles soluciones tales como *soportar, sufrimiento prolongado, constancia*, etc. Registraría la idea clave de cada pasaje. Luego examinaría patrones, palabras o ideas repetidas, mandamientos y promesas.

4. ***Ser lingüista.*** Cuando lees la Biblia, estás leyendo una traducción. Originalmente, el Antiguo Testamento fue escrito en hebreo y el Nuevo Testamento en griego. Haz estudios de palabras a fin de extraer significados más profundos. El hebreo es un lenguaje de imágenes. Estudiar la evolución textual de una palabra hebrea te dará una ayuda visual de apertura a su significado. Por otra parte, el griego es muy

exacto. Para encontrar significados de palabras utilizo *Nueva concordancia Strong exhaustiva, Diccionario teológico manual del Antiguo Testamento,* y *Diccionario expositivo de palabras del Antiguo y del Nuevo Testamento*, que contienen instrucciones detalladas en su prólogo. Uso buenos comentarios bíblicos para revisar los resultados de mis estudios.

5. ***Ser estudiante de castellano.*** Si tomas un pasaje bíblico y lo pones en forma bosquejada, te saltarán a la vista características clave. Escribe primero el versículo o los versículos de modo que los puntos más importantes estén a la izquierda y los detalles menores queden a la derecha. Las palabras o frases clave pueden resaltarse o ponerse en negrita. Por ejemplo, Colosenses 1:10-12 podría escribirse:

para que
    ANDÉIS COMO ES DIGNO DEL SEÑOR,
    AGRADÁNDOLE en todo,
        llevando fruto
        en toda buena obra,
        y creciendo
            en el conocimiento de Dios;
        fortalecidos con todo poder,
            conforme a la potencia de su gloria,
    para toda
        paciencia
            y
        longanimidad;
        con gozo
        dando gracias
            al Padre
                que nos hizo aptos para participar
                    de la herencia
                        de los santos
                    en luz;

Al escribir el versículo en forma bosquejada puedo ver claramente varios aspectos clave por los que debo orar. Tal vez deba estudiar primero los puntos clave para poder ser más específica en mi aplicación. Mi esquema de estudio podría ser así:

MI ORACIÓN POR UN CAMINAR DIGNO

I. Lo que agrada a Dios
   A. Llevar fruto
   B. Crecer en el conocimiento de Dios
   C. Fortalecerme con todo poder
II. Resultados de agradar a Dios
   A. Gran resistencia
   B. Paciencia
   C. Dar gracias gozosamente
      1. Porque Dios es mi Padre
      2. Porque Dios me calificó para participar de la herencia

Este bosquejo puede servir de esquema de mi tiempo de quietud para toda una semana. Puedo hacer un estudio tanto temático como de palabras para tratar de imaginar exactamente lo que Pablo estaba orando por los creyentes en Colosas. Luego puedo aplicar estos estudios a oraciones por mí misma y por aquellas personas en quienes quiero influir.

6. ***Ser artista.*** En la obra *Las bordadoras*, de Molly Newman y Barbara Damashek, un personaje declara mientras borda: "Cada serie es diferente. Cada patrón tiene un hilo de la vida de alguien que lo atraviesa. Verás allí mi hilo de vez en cuando con todo lo demás: mis recuerdos, mis esperanzas, mis sueños, mis oraciones".

Una artista amiga mía luchaba con su tiempo cotidiano de reflexión. Se sentía presionada por hacer perfecto su diario. Se lamentaba que no obtuviera respuestas "correctas" cuando usaba métodos de estudio más intelectuales. Descubrió que tenía miedo de su tiempo con Dios en lugar de esperarlo. Ella expresó: "Quiero aumentar mi conocimiento de Dios. Y quiero de veras conocer la Palabra de Dios. Pero todos los métodos que he intentado me hacen sentir alejada de Él".

Sugerí: "Trata tu tiempo de reflexión como un bloque de bosquejos. Cada día escribe un versículo especial o solo una palabra o dos que encuentres significativas. Marcar tu Biblia de manera creativa podría ayudarte a entender visualmente mejor un pasaje. Podrías marcar promesas con arco iris. En mi Biblia marco versículos especiales con corazones y asteriscos. Tú puedes usar una variedad de símbolos para decorar un pasaje y captar ideas clave. En tu diario escribe cómo te tocó el versículo o cómo se aplica a ti. Luego descríbelo de manera artística. Dios te hizo artista, así que hablará a tu corazón de artista".

Donna, una mujer que diseña hermosas colchas cosidas a mano, estudió Génesis durante un año en un pequeño grupo bíblico. Inspirada por la obra creativa de Dios, cosió una colcha que representaba los siete días de la creación. La Palabra de Dios le había entrado por la cabeza, pasado por el corazón, y salido por las manos.

Una relación personal

Me siento conectada con Dios por mi confianza en que Él es personal y que puedo llegar a conocerlo. Jesús lloró por Jerusalén y anheló reunir a su pueblo como una gallina reúne a sus polluelos debajo de sus alas (Lucas 19:41; 13:34). Dios promete: "Yo sé los pensamientos que tengo acerca de vosotros... pensamientos de paz, y no de mal, para daros el fin que esperáis" (Jeremías 29:11). Él se revela como un ser personal, no como una fuerza, ni una filosofía, y ni siquiera como una religión. Sus brazos siempre están abiertos, queriendo abrazarme; es mía la decisión de huir o de correr hacia ese abrazo.

Una fuerte relación con Dios puede llevarnos a través de circunstancias impensables. Gracia Burnham es la viuda de Martin Burnham, quien sirvió durante diecisiete años como piloto misionero en las Filipinas. Un grupo terrorista radical secuestró a los Burnham y los mantuvo como rehenes en la selva durante más de un año. Los militares estadounidenses intentaron un ataque sorpresa para liberarlos. Martin fue atrapado en el fuego cruzado y murió. Gracia explicó cómo sobrevivió ese año y, desde entonces: "Dios afirma que no te prueba más allá de lo que puedes soportar. Creo que la prueba de cada persona debe estar en proporción a la fe que Dios le ha dado. No creo que yo haya podido crear una fe especial cuando pasaba por esto. Creo que todo fue obra de Dios. Día a día, Él me dio lo que necesitaba. Caminar de cerca con Dios y conocer bien su Palabra te ayudará realmente cuando enfrentes cualquier prueba que aparezca en tu camino".

Otra misionera, Nancy Mankin, comprende la fortaleza de la relación con Dios. Ella y su esposo Dave estaban reclinados en sus hamacas disfrutando una noche de conversación apacible en su base misionera en Panamá. De repente, tres hombres entraron corriendo y les apuntaron con rifles automáticos. Uno de los hombres le dijo a Nancy que se despidiera. Entonces ella se inclinó hacia Dave.

—Voy a darte un beso de despedida —le dijo.

—¿Crees que te lo permitirán? —contestó Dave.

—Ellos dijeron que me despidiera —contestó Nancy tranquilamente.

Entonces los dos se besaron y a Dave se lo llevaron en medio de la noche.

Aunque Nancy se hallaba en el peor momento de su vida, Dios le dio fortaleza y sabiduría para tomar decisiones rápidas que ayudaran a salvar las vidas de todos los demás en el campamento. Solo dos semanas antes le había pedido a Dave que le explicara qué hacer si llegaban guerrilleros y se llevaban a los hombres y dejaban a las mujeres. Dave pensó que la pregunta era extraña; creía que en ese caso probablemente se los llevarían a todos o que los matarían a todos. Pero Nancy insistió, y Dave explicó un plan para escapar río abajo. Fue ese plan el que llevó a las mujeres y los niños a la seguridad.

Nancy atribuye a Dios la habilidad de mantener la calma en circunstancias tan horribles, así como la paz sobrenatural que viene a través de una relación personal con Él. De una manera muy privada e individual, el Señor le ha permitido seguir adelante, día tras día, mientras ella y los demás miembros de la familia esperaban por años noticias del destino de sus hombres. Nancy se aferró a una cita de Hannah Whitall Smith en *Safe Within Your Love* [Segura en el amor de Dios]:

> Me siento como un pequeño polluelo que ha salido de una tormenta y se ha refugiado bajo las alas de su madre, donde está seguro. Oigo rugir la tormenta y soy totalmente incapaz de comprenderla o de medir el daño que está causando. Pero estoy segura bajo las alas de Dios. Él puede controlar la tenebrosa tormenta, pero yo no puedo hacerlo. ¿Por qué entonces debería preocuparme o estar ansiosa?... Cuando me siento sin esperanza o atemorizada, sé que necesito meterme debajo de sus alas.

El esposo de Nancy estaba entre los asesinados por los guerrilleros. Hoy día, ella sigue estando bajo las alas de Dios, que es el lugar más seguro donde estar.

Una relación emocional

Cuando yo estaba embarazada de mi tercer hijo, una de mis mejores amigas, Tamera, también estaba embarazada. Un domingo, después de la iglesia, Tamera sintió que yo necesitaba un descanso. Recogimos nuestras familias y nos dirigimos a un parque para un pícnic. Nuestra conversación se centró en cómo conducirnos en medio de la adversidad. "Siempre sigues adelante", dijo Tamera sonriendo. Ella no necesitaba decir nada más. Ya me había hablado de los grandes y pequeños sufrimientos que acompañaron los partos de cada uno de sus tres hijos varones. Tamera esperaba ahora una niña.

Unas semanas después, bien entrada la noche, recibí una llamada del esposo de Tamera. La bebita había nacido, pero los médicos les habían dicho que no viviría mucho tiempo. Los días siguientes atravesé este valle con mi amiga. Más pronto de lo que me hallaba preparada, recibí la llamada: "Ella está en casa con Jesús. Llevé a mi bebita a los brazos de Jesús".

Tamera lloró. Yo lloré. Jesús lloró. A menudo olvidamos que Jesús también sintió profundamente… que *siente* profundamente. Cuando su querido amigo Lázaro murió, Jesús conoció el dolor de las hermanas de Lázaro, María y Marta. Cada una le dijo: "Señor, si hubieses estado aquí, no habría muerto mi hermano". Al ver Jesús el dolor de las hermanas y de quienes las acompañaban, "se estremeció en espíritu y se conmovió" (Juan 11:32-33). Junto a la tumba, Jesús mismo lloró. Sabía que iba a resucitar de los muertos a Lázaro; sin embargo, aun así se conmovió. El Dios encarnado estaba emocionalmente ligado al dolor de los suyos.

Al estar junto a Tamera durante la preparación del funeral y el servicio fúnebre, vi a Dios. Lo vi emocionalmente unido a ella en una manera que yo no podía lograr. Cuando le llevé comida después del funeral, encontré esta nota en su puerta: "¿Recibiremos de Dios el bien, y el mal no lo recibiremos?" (Job 2:10).

Algunos días el dolor de Tamera la abrumaba.

—Pam, quiero creer que esto resultará para bien —me manifestó.

Pide prestada la fe de una amiga si tienes que hacerlo, pero aférrate de Jesús.

—Yo también. Te daré de mi fe para creerlo —ofrecí.

—¡La acepto! Quiero aferrarme… a la vida… a Dios… a la esperanza —balbuceó.

Tamera no sabía por qué había sucedido esto o cómo iría a seguir viviendo, pero con tenacidad se aferró a Dios.

Pide prestada la fe de una amiga si tienes que hacerlo, pero aférrate de Jesús. Tamera mantuvo abierta la relación con Dios. Apenas un año después de la muerte de su preciosa hija, una nueva vida volvió a llegar a sus brazos. ¡Tamera dio a luz una bebita sana!

Carol Kent, popular predicadora cristiana, salió a caminar un día con su amado esposo Gene, y hablaban de lo fabulosa que era la vida. Su ministerio Habla con Confianza había enseñado a miles a comunicar su fe. Su hijo, un oficial altamente condecorado y graduado de la

Academia Naval, estaba casado. Carol y Kent tenían dos preciosas nietas recién nacidas.

Entonces ocurrió lo inimaginable. Recibieron una llamada de que su único hijo estaba en la cárcel, ¡acusado de asesinato! En su libro *When I Lay My Isaac Down* [Cuando sacrifiqué a mi Isaac], Carol escribe acerca de una decisión clave que tomó a inicios de su dolorosa experiencia:

> En una manera profundamente personal comprendimos que cuando las circunstancias inimaginables entran a tu vida, llega un momento en que o eres fiel a lo que crees o lo desechas. Con el tiempo elegimos la poderosa reafirmación de nuestra posición fundacional en el universo: Dios era Dios y nosotros no lo éramos. Dependíamos totalmente de Él y, si íbamos a seguir viviendo con una sensación de propósito y pasión, sabíamos que nuestra única esperanza estaba en su infinita misericordia y su inquebrantable plan para la redención del pecado, la tristeza y la vergüenza.

Carol y Dios han recorrido un sendero que ella nunca imaginó. Mientras mayor era el dolor, más hurgaba Carol en la Palabra de Dios. Un día en que nos sentamos una al lado de la otra en un panel para esposas militares cuyos esposos se habían alistado, ella reveló la fuente de su fortaleza. Confesó que al principio luchaba para seguir hablando. Luego, a través de un sabio consejo empezó a aceptar el hecho de que Satanás intentaba con todas las fuerzas acallarla, y silenciar a su piadosa familia extendida, como un megáfono para el evangelio. Ella pasó de querer evitar el púlpito a "sentir que me estaba parando en la cabeza de Satanás cada vez que yo comenzaba a enseñar". El enemigo intentó silenciar el mensaje de Dios, pero en vez de eso, Dios levantó el volumen. La voz de Carol se ha hecho cada vez más fuerte a medida que ha forjado una relación aún más poderosa e íntima con su Creador.

Una relación atenta

Dios quiere escuchar nuestras preocupaciones, no porque necesite oír sino porque necesitamos decírselas. Un niño en edad preescolar derramó accidentalmente su jugo de frutas en el suelo. Decidió limpiar el desorden y corrió hacia el porche trasero para agarrar el trapeador. Al darse cuenta de pronto de que afuera estaba oscuro, se llenó de inquietud respecto a salir por el trapeador. Su madre le recordó que Jesús estaba en todas partes, incluso en la oscuridad. El niño pensó por un momento. Entonces, dirigiendo la mirada hacia la puerta, pidió: "Jesús, si estás allá afuera, ¿podrías pasarme el trapeador?".

A veces, cuando oras, tu mente puede divagar. No te culpes. Simplemente ora por lo que ha entrado en tu mente. Dios quiere tratar con esa área de tu vida. Tal vez Satanás está tratando de tentarte en ese aspecto, y Dios desea captar tu atención. O podría tratarse de un área de egoísmo del que Dios quiere liberarte.

La oración no cambia a Dios, me cambia a mí.

La película *Tierras de penumbra* es la historia de amor de C. S. Lewis y Joy Davidman Gresham. Lewis se casó tarde en la vida, y poco después a Joy le diagnosticaron cáncer. Lewis oraba y oraba a medida que la salud de ella se deterioraba. En la película, un colega teólogo comenta que seguramente todas las oraciones de Lewis habían cambiado el plan de Dios. Lewis contesta: "Oro porque la necesidad de hacerlo fluye de mí todo el tiempo... la oración no cambia a Dios, me cambia a mí".

Una relación con Dios cambia el modo en que tomamos decisiones y nos brinda una fuerza sobrenatural de sabiduría. Una madre que considero un modelo de maternidad reúne a su familia para ayunar y orar si uno de sus hijos experimenta tensión extra o enfrenta una gran decisión. Cada uno de sus cuatro hijos tiene una fuerte relación con Jesús. Todos han pasado parte de sus vidas adultas en el ministerio a tiempo completo y ahora están utilizando sus profesiones para promover el reino de Dios en el mundo.

Antes de cada gran decisión tomo un tiempo prolongado para pasar con Dios. Antes que Bill y yo nos casáramos, antes que Bill volviera a estudiar, antes que decidiéramos ir al seminario, antes que tuviéramos cada uno de nuestros tres hijos, antes de dejar el ministerio de jóvenes, antes de aceptar una pastoral, antes de construir una casa, antes que yo volviera a estudiar, antes de cada libro, siempre apartamos un día para orar.

Bill y yo apartamos días especiales para orar antes de transiciones importantes en las vidas de nuestros hijos, como empezar la escuela o entrar a la pubertad. Cada agosto, antes que los niños comenzaran la escuela, apartamos un día como nuestra jornada "Aprendiz y Líder". Hacemos algo divertido como familia; entonces, durante una comida, negociamos privilegios y responsabilidades para el año siguiente. Bill y yo también escogemos un regalo especial para cada hijo que le estimulará el rasgo de liderazgo en que estará trabajando durante el año siguiente. Damos a cada hijo su regalo junto con una bendición verbal, y luego oramos por él. (Una representación completa de nuestras decisiones de crianza está en nuestro libro *10 Best Decisions a Parent Can Make* [Las diez mejores decisiones que un padre puede tomar]).

Una relación única

A fin de mantener fresca mi relación con Cristo utilizo, regularmente, mañanas o tardes, a las cuales denomino mis "citas con Jesús". Llevo mi Biblia, mi cuaderno de oración, mi diario, y una concordancia. También puedo llevar un libro sobre un tema particular, un artículo informativo o inspirador, mi planificador diario, y un libro devocional. Por lo general tengo un tema que deseo investigar o una decisión por la que debo pasar tiempo en la Palabra. Trato con las distracciones escribiéndolas en un diario y encontrando versículos relacionados. Tengo mi propio servicio personal de adoración con canciones y oración prolongada. Cada tiempo es diferente, pero cada vez salgo renovada.

No tenemos que alejarnos por mucho tiempo para enfocarnos en Dios. Busco momentos de quietud a lo largo de mi día para reenfocar mi corazón. Justo antes de levantarme y antes de irme a dormir en la noche, en la ducha y cuando me seco el cabello, o cualquier otro momento puede ser un tiempo para una "conferencia santa" con Dios. Me encanta nadar y salir a caminar porque puedo cerrar el mundo exterior y enfocarme en Dios. Incluso puedo hacer de un asiento incómodo de aerolínea un oasis santo cuando abro una Biblia y escucho un coro de alabanza en el iPod.

La memorización bíblica me ayuda a conectarme en oración. Después de veinticuatro horas podemos recordar con exactitud 5% de lo que oímos, 15% de lo que leemos, 35% de lo que estudiamos, 57% de lo que vemos y oímos, pero 100% de lo que memorizamos.

Cuando sazono el pollo, sigue siendo 100% pollo, pero ya no huele o sabe igual. Cuando nos "sazonamos" en la Palabra, seguimos siendo nosotras, pero con el sabor sabroso de alguien que ha estado en la presencia de Dios.

Una mujer influyente es sabia para proteger sus relaciones apacibles con Dios. Cada mujer encontrará su propio ritmo de intimidad. El objetivo es intimidad, no ritual legalista.

Una amiga con hijos pequeños me dijo que se sentía culpable porque no se levantaba una hora antes que su familia para pasar tiempo con Dios. Ella dormía menos de cinco horas, y le era imposible encontrar tiempo durante el día. Le pregunté: "¿Por qué el tiempo tiene que ser en un solo bloque de una hora?".

Expliqué que a menudo prefiero repartir el tiempo de mis momentos íntimos con el Señor. "A primera hora de la mañana leo una pequeña porción de las Escrituras. Reclamo una frase o un versículo como mío durante el día. En mi espejo hay versículos que estoy memorizando. Los repito cuando me seco el cabello y me maquillo. Me gusta hacer mi estudio bíblico durante el almuerzo. En el auto escucho música de alabanza y oro. En la noche, después que los niños están acostados, escribo en mi cuaderno de oración mis pensamientos y cualquier petición específica o respuestas a plegarias. Al final de la jornada mi corazón está atraído a Cristo en adoración, porque siento que he estado en su presencia todo el día".

Dios conoce tu vida y se reunirá contigo allí. En una conferencia oí a la hija de Ruth y Billy Graham, Anne Graham Lotz, describir el ritmo de los momentos de quietud de su madre. Ruth se dedicaba a criar a los hijos mientras Billy viajaba haciendo avivamientos. Los tiempos devocionales eran difíciles de encontrar. Ruth ponía su Biblia en el mesón de la cocina y, cada vez que pasaba por allí, leía y meditaba en un nuevo versículo o frase. Anne explicó que la Palabra de Dios "caminaba" hacia el corazón y la vida de su madre.

Comunicarse con Jesús no es algo que haces; es un lugar donde moras. Intimidad significa estar con Jesús. Estoy abierta a cambiar cualquier patrón de oración o lectura bíblica, porque estoy abierta a que Jesús me cambie.

Comunicarse con Jesús no es algo que haces; es un lugar donde moras. Intimidad significa estar con Jesús.

UNA RELACIÓN QUE ALIMENTA

Cuando Dios nos nutre, podemos estimular a otros en su relación con el Señor. Teresa Muller es una querida amiga que también es compositora y cantante. Una de sus canciones me ministró mucho antes de que Dios trajera a Teresa a mi vida.

Teresa volvía a casa de visitar a su madre en el hospital. Tenía carga en el corazón y llevaba ante Dios los sentimientos que tenía. Mientras oraba, una melodía le llegó con claridad a la mente. Comenzó a entretejer sus sentimientos y la melodía en una canción:

> Eres la Roca de mi salvación,
> eres la fuerza de mi vida,
> eres mi esperanza y mi inspiración,
> Señor, a ti clamaré.
> Oh, yo creo en ti, creo en ti,
> eres tan fiel para mí.
> Tú has sido mi ayuda en tiempos difíciles.
> Señor, a ti clamaré.

"Eres la Roca de mi salvación" fue una canción que canté durante la depresión después de un sepelio. Fue una canción que yo cantaba mientras oraba toda la noche por mi amiga Tamera durante su crisis. "Eres la Roca de mi salvación" me ha animado antes de hablar en compromisos, durante los exámenes, y a través de pruebas personales. No puedo leer música, pero mi corazón puede cantar porque una mujer influyente como Teresa abrió su relación con Jesús y me dejó entrar allí.

Solo un toque

Una mujer estaba desesperada por relacionarse con Dios. Se hallaba muy enferma con un trastorno menstrual. Estaba débil por la sangre perdida, y aún más débil por los maltratos de los médicos. También estaba desesperadamente sola. Su condición hizo que fuera paria en su sociedad. Todos creían que de alguna manera ella se había causado sus problemas.

Un día, la desesperación de la mujer la hizo violar los límites de las costumbres sociales y religiosas. Salió a conseguir ayuda para su problema, e iba a hacer lo que fuera necesario. Había oído hablar de un hombre que tenía soluciones para todo tipo de circunstancias. Y ese hombre estaba a solo unos metros de ella. La mujer pensó: *Si tocare tan solamente su manto, seré salva*. Se abrió paso a través del gentío. Su frágil mano se estiró entre la gente reunida alrededor de este hombre, solo un toque, el dedo de la mujer alcanzó a tocar el borde del manto de Jesús. En ese momento, la hemorragia se detuvo.

La pululante multitud sacó al hombre del alcance de esta mujer. Pero Jesús se volvió y preguntó: "¿Quién ha tocado mis vestidos?".

A los discípulos les molestó la pregunta. ¿Cómo se suponía que supieran la respuesta? Después de todo, se hallaban en medio de una multitud que presionaba por todos lados.

Tímidamente, la mujer cayó a los pies de Jesús y confesó: "Fui yo". Jesús respondió: "Hija, tu fe te ha hecho salva" (Marcos 5:34). El poder curador del Señor la salvó de la enfermedad, pero las palabras personales que oyó le curaron el corazón. Porque en ese instante todo el gentío supo que ella ahora estaba limpia y la invitó de vuelta a la sociedad.

Solo un toque te mantendrá vinculada; un toque te dará el poder de vivir por encima de las circunstancias de la vida. Un toque, una relación con Dios, influirá en tu corazón y a la vez influirá en los demás. ¿Cómo es tu relación? Conéctate hoy. Aférrate a las vestiduras del amor que Cristo tiene por ti.

Sé una mujer influyente

Elige probar cada día de esta semana al menos una nueva idea de intimidad de la lista siguiente:

1. Haz tus oraciones más concretas escribiéndolas como una carta para Jesús.
2. Haz una caminata de oración, hablándole al Señor mientras andas.
3. Ora las Escrituras. Escribe versículos y personalízalos con tu nombre. Por ejemplo: Salmos 84:11 (NVI): "El Señor brinda generosamente su bondad a Pam, quien se conduce sin tacha".
4. Haz un cartel de un versículo favorito. Tal vez quieras tomar una foto y hacerla revelar como un afiche, luego escribe allí el versículo.
5. Marca versículos en una Biblia que creas que ayudará a un niño particular a afrontar cambios en su vida. A medida que leas, trata de imaginar a Dios a través de los ojos de ese niño. Dale la Biblia al niño como un regalo.
6. Haz "canastas devocionales" y colócalas en varios lugares de tu casa. Decora cada una poniendo dentro un bolígrafo, una Biblia, un libro devocional o inspirativo, y papel.
7. Canta durante todo tu tiempo con Dios. Tal vez también quieras probar suerte en componer.
8. Danza delante del Señor como hizo David (2 Samuel 6:14-15). Quizás disfrutes con la danza o ballet judío. Dedícale a Cristo tu danza.
9. Comienza un libro de recortes de milagros. Guarda fotos y momentos que te recuerden la misericordia de Dios para ti.

10. Escribe todo pecado que siga obsesionándote. Luego añade 1 Juan 1:9 sobre la lista como una declaración del perdón de Dios. Destruye la lista; Dios ya lo ha hecho.
11. Escribe una lista de Filipenses 4:8. ¿Qué significa para ti ser amable, digna de alabanza, honesta, etc.?
12. Ora de una manera que no estés acostumbrada. Intenta arrodillarte, ponerte boca abajo, o de pie con tu rostro hacia los cielos y tus manos levantadas en adoración.
13. Prepara una forma de hablar por Jesús. Escribe una carta o crea una tarjeta de felicitación. Escribe a un periódico o crea un anuncio publicitario.
14. Dale un regalo a Dios. Dona anónimamente a alguien necesitado.
15. Ve a una librería cristiana y prueba un nuevo recurso de estudio bíblico, la Biblia en CD, o Escrituras con música.
16. Alaba a Jesús de la A a la Z. "Jesús, eres asombroso, bello...".
17. Trata de repetir todo versículo que hayas aprendido de memoria, en orden, de Génesis a Apocalipsis. Detente en el primer libro del que no tengas un versículo, y aprende uno.
18. Haz un cuaderno de promesas. Enumera esferas de dolor o necesidad en tu vida. Cuando llegues a un versículo que muestre cómo Dios puede satisfacer esa necesidad, escríbelo. Estás creando tu propio libro de promesas.
19. Lee tu himno favorito. Encuentra el pasaje bíblico en que se basa. Trata de averiguar la historia detrás de cómo se escribió el himno.
20. Vuelve a leer tus notas del sermón del domingo pasado, o lee por adelantado el pasaje que se expondrá este domingo.

21. Recuerda e imagina tu vida antes de ser cristiana. ¿De qué te "salvó" Jesús?

22. Sobre cada número de capítulo en tu Biblia escribe tu propio subtítulo. Utiliza de vez en cuando una versión diferente de la Biblia.

23. A fin de pasar más tiempo con Dios, acorta el espacio de comer, ver televisión, o el que gastas en un pasatiempo.

24. Escribe respecto a tu relación con Dios desde un punto diferente de vista. Por ejemplo: mi hijo adolescente diría de mí: "Mi mamá tiene un caminar radical con Jesús. Se llena de euforia (se emociona). ¡Es algo asombroso!".

25. Memoriza una oración de la Biblia. La de María en Lucas 1:46-55 es un buen inicio.

26. Escribe y agradece a las personas que te ayudaron a crecer en tu caminar con Dios este año. O escribe a tus mentores del pasado.

27. Haz una lista de preguntas teológicas que te gustaría que fueran contestadas. Elige una y empieza a investigarla.

28. Ve temprano a la iglesia. Recorre los pasillos, siéntate en lugares distintos y ora por otros que se sentarán allí más tarde.

29. Ejercítate en música cristiana.

30. Dile a alguien que no conoce a Cristo que tú le conoces y amas.

Comprométete a pasar *al menos* cinco minutos diarios con Jesús. Si necesitas ayuda para ponerte en marcha, revisa el libro *One Year Book of Devotions for Women on the Go* [Un año de devocionales para mujeres activas], que escribí conjuntamente con Stephen Arterburn.

4

Idealista

Atrévete a soñar

Le haces a Dios un cumplido cuando le pides grandes cosas.

Teresa de Ávila

Una mujer con un gran sombrero se paró frente al gentío. Era soltera y sencilla. "Es el individuo el que cuenta. Un hombre, Lutero, inició la Reforma en Alemania. Un hombre, Moisés, sacó de Egipto a los hijos de Israel. Un hombre, Pablo, llevó el evangelio al Imperio romano. Dios siempre obra por medio de individuos". El idealismo de Henrietta Mears ha afectado tanto a la iglesia como a cualquier persona de su época.

Henrietta Mears era maestra de escuela del Medio Oeste que, en 1928, llegó a la Iglesia Presbiteriana de Hollywood. Dirigió el departamento de escuela dominical y lo convirtió en un tremendo éxito. También vio la necesidad de tener material de alta calidad y que fuera apropiado para el grado, así que ella y un amigo escribieron lo que necesitaban. Su plan de estudios se convirtió en el núcleo de Gospel Light Publishing. Henrietta vio la necesidad de preparar jóvenes, así que su sección universitaria creció y cientos de vidas fueron cambiadas. Ella creyó que ir de campamento proporcionaba un ambiente maravilloso para que los alumnos reflexionaran seriamente, así que fundó el centro Forest Home Conference, una de las instalaciones de campamento más respetadas en los Estados Unidos.

Henrietta Mears desafió a individuos a ser influyentes. Una noche, después de la hora de hablar en un grupo de edad universitaria, ella se puso de pie y declaró:

"¡Este es el tiempo de testimonio más ridículo que creo haber escuchado! Todo lo que hemos estado hablando solo son tonterías que no importan un comino. ¿Hemos perdido de vista por qué estamos aquí?

No ha habido una palabra respecto a ganar naciones para Cristo. ¿Qué tal esos grandes recintos universitarios en esta región? ¿No se ha hecho nada en la UCLA esta semana? ¿No se ha testificado a un solo estudiante en USC?

Dios llora por estos alumnos perdidos y nosotros venimos aquí a hablar tonterías. El apóstol Pablo soñaba con reinos llevados a Cristo. Knox clamó: 'Dame Escocia o muero'. Lutero lloró por Alemania".

Después de la Segunda Guerra Mundial, Henrietta reunió a antiguos estudiantes, ahora líderes, para marchar de nuevo y establecer la visión. El grupo representaba más de cincuenta organizaciones cristianas. Entre los asistentes estaban Richard Halverson, quien fuera capellán del Senado de los EE. UU.; Louis Evans hijo, quien fue pastor de varias iglesias en crecimiento, incluso una en Washington, D.C.; y Bill Bright, quien solo pocos años después inició Cruzada Estudiantil y Profesional para Cristo.

Soñar con lo imposible

Henrietta Mears fue solo una mujer, pero tenía un gran sueño. Una vez declaró: "No hay magia en los planes pequeños. Cuando considero mi ministerio, pienso en el mundo. Cualquier cosa menos que eso no sería digna de Cristo ni de su voluntad para mi vida".

Algunos días me pregunto si tengo un gran plan, o *cualquier* plan.

Si no puedes averiguar cómo desaparecen los calcetines en la lavadora, o dónde pones las llaves de tu auto, ¿es posible ser parte del gran plan de Dios en usar tu vida para cambiar al *mundo*? No tengas miedo… ¡es posible hacerlo!

No hay magia en los planes pequeños.

Los idealistas imaginan la vida como puede ser y no como es. A veces los critican como seres tan inclinados a lo celestial que no forman parte de este mundo. En *Don Quijote de la Mancha*, a Don Quijote se le trata como tonto y demente porque se atreve a soñar lo imposible, pero sin aquellos que sueñan lo imposible, todos viviríamos en un mundo mucho más sombrío.

Sin idealistas, muchas de nosotras montaríamos en la parte trasera del autobús, muchas no tendríamos voz en las urnas, muchas aún estaríamos con cadenas y harapos, y seríamos tratadas como menos que humanas. Sin idealistas, ninguna mujer sería educada, no se le permitiría votar, poseer un negocio o una propiedad, ni tener cargo político. Los idealistas hacen del mundo un mejor lugar, no porque todos sus sueños se cumplan sino porque con cada sueño se da un paso de progreso, se satisface una necesidad más, se ofrece un destello más de esperanza.

Los idealistas cristianos tienen sus esperanzas arraigadas en la persona de Dios. Mientras más clara es tu visión de Dios, más clara es tu visión de la vida y de tus propias posibilidades.

Una carta del Señor

Durante años, cada vez que una circunstancia difícil me golpeaba, o cuando me sentía deprimida, buscaba un versículo bíblico que me animara. Pronto, varias páginas en mi Biblia resultaron muy manoseadas. Después me afectó una época muy solitaria tras mudarme a una nueva ciudad. Llamé a una amiga, Mary, y en el trascurso de nuestra conversación me habló de un principio que acababa de oír en una conferencia de liderazgo. Mary me preguntó: "¿Qué atributo de Dios no estás creyendo?".

Supe que debía obtener una nueva visión del Dios a quien decía amar y que creía que me amaba. Entrelacé los versículos de las páginas de mi manoseada Biblia y los personalicé en la forma de una carta de Dios para mí. Desde entonces, estos versículos me han animado a salir adelante, a intentar lo improbable y a creer que Dios hará lo imposible. La carta cuelga ahora en mi casa para recordarme diariamente quién es Él y su amor personal por mí. He aquí mi carta:

"¿Qué atributo de Dios no estás creyendo?"

Querida Pam:

Nada es imposible para mí. Puedo hacer muchísimo más de lo que puedes pedir o creer. En mí todas las cosas fueron creadas, en el cielo y la tierra, visibles e invisibles... tronos... poderes... gobernadores... autoridades. Todas las cosas fueron creadas por mí, y estoy delante de todas ellas, y en mí todas subsisten.

Mía es la grandeza, el poder, la gloria, la majestad, y el esplendor... Soy exaltado como cabeza de todas las cosas. La riqueza y la honra provienen de mí. En mis manos está la fortaleza y el poder para exaltar... ¡Nada en el universo se me equipara!

No es por tu poder sino por mi Espíritu... Sé cuándo te sientas y cuándo te levantas; percibo tus pensamientos desde lejos... Conozco todos tus caminos. Antes que una palabra esté en tu lengua, la conozco por completo... No puedes huir de mi presencia... Si subes a los cielos, allí estoy yo; si te acuestas en las profundidades, allí estoy yo. Si te levantas sobre las alas del amanecer, si te posas en el otro lado del mar, incluso allí mi mano te guiará, mi mano derecha te mantendrá firme... Hasta las tinieblas son como luz para mí.

Estiro los cielos como un dosel y los extiendo como una tienda en la cual morar... Mido las aguas de la tierra en el hueco de mi mano, y con la palma de mi mano marco los cielos.

Soy el Creador. Soy el Admirable Consejero, el Dios todopoderoso, el Padre eterno, el Príncipe de Paz. Soy el Alfa y la Omega... el Principio y el Fin.

Soy inmortal y habito en luz inaccesible… Sin embargo, te digo: acércate a mi trono de gracia con confianza, para que puedas recibir misericordia y hallar gracia para el oportuno socorro.

No me canso ni me agoto; tengo comprensión que nadie puede medir… Mis juicios son insondables, y mis caminos inescrutables. Mis pensamientos son preciosos y enormes la suma de ellos. Nadie comprende mi mente… Nadie me dio instrucciones. Nadie me enseñó el camino correcto… Nadie puede compararse conmigo.

Te rodeo por delante y por detrás… Convéncete de que ni la muerte ni la vida, ni ángeles o demonios, ni lo presente ni lo futuro, ni poder alguno, ni lo alto ni lo profundo o cualquier cosa creada puede separarte de mi amor.

Hasta el día de hoy, cuando enfrento dificultades busco versículos por temas, uniéndolos y orándolos sobre mi vida o mi situación. Si tengo miedo, junto versículos sobre valor; si estoy cansada, versículos sobre la fortaleza de Dios; si me pregunto qué camino seguir, versículos sobre la unción, el favor, o la sabiduría de Dios. Una concordancia o un recurso como Biblegateway.com ayudarán con este ejercicio.

Orar la Palabra de Dios me recuerda quién es Dios. La Biblia es más cortante que una espada de doble filo (Hebreos 4:12), y la verdad nos hará libres (Juan 8:32). El poder no está en mí sino en la verdad de la Palabra y el poder del Dios que hace promesas y responde oraciones.

Imágenes verbales de Dios

Dios revela mucho sobre sí mismo por medio de los nombres con que las Escrituras lo llaman. Si llevamos con nosotras esas imágenes de Dios, podemos lograr mucho más de lo que soñamos. Por ejemplo, uno de mis nombres favoritos de Dios es *Jehovah-raah*: "El Señor es mi pastor".

Crecí en una granja de ovejas Suffolk al este de Idaho. Año tras año veíamos nacer los diminutos corderos e, inevitablemente, algunos de ellos eran rechazados o quedaban huérfanos, y era necesario cuidarlos para que sobrevivieran. Mi hermano, mi hermana y yo podíamos elegir un cordero entre estos "animalitos con problemas".

A mis diez años, mi primero en la organización juvenil 4-H, tuve un corderito al que llamé Bunny porque le gustaba saltar de roca en roca como un conejo. Durante ocho meses, Bunny y yo íbamos juntos a todas partes. Yo sostenía a Bunny. Solía cardar su suave lana cubierta de lanolina. Le daba de comer y beber. Practicaba enseñándole. Se parecía mucho a "dondequiera que iba Pammy, el corderito también la seguía".

A Bunny y a mí nos fue bien en la feria del condado. Pero entonces llegó el día de la subasta. Cuando me arrodillé en el ruidoso círculo, no pude entender por completo qué estaba sucediendo. Escuché el golpe del martillo y el anuncio del subastador: "¡Vendido!". Un hombre hizo señas para que Bunny y yo bajáramos por una rampa. Entonces alguien me gritó: "¡Suéltalo!".

Comencé a llorar. Pensé: *¡Soy la más tonta que jamás haya existido!*

Como ocho años después, sentada en un tranquilo dormitorio leí las palabras de Jesús: "Mis ovejas oyen mi voz, y yo las conozco, y me siguen, y yo les doy vida eterna; y no perecerán jamás, ni nadie las arrebatará de mi mano" (Juan 10:27-28). Mis ojos se humedecieron. Me di cuenta de que yo nunca iba a padecer el destino de mi cordero Bunny. Yo era una corderita de Dios, y nadie podía arrebatarme de su mano. Nunca me separaría de su cuidado. Saber que estoy segura al cuidado del Buen Pastor me da valor incluso cuando las cosas se ponen difíciles y no puedo ver ningún propósito en lo que está ocurriendo.

Su nombre es maravilloso

Siempre que me siento débil o vulnerable, voy a los Salmos. Allí la pluma del poeta conquista mis temores con hermosas imágenes verbales de la persona de Dios. Mi idealismo regresa a medida que leo cómo Dios me rodea como un escudo, que Él es mi roca, mi fortaleza, mi baluarte. Al ser madre de tres hijos tengo experiencia de primera mano con tales descripciones de guerra.

Un verano, los niños y yo estudiamos espadas, escudos y otras defensas contra ataques enemigos. Quisimos volver a crear algunos de estos instrumentos de defensa para jugar durante una tarde larga y calurosa. ¡Pero, a medida que estudiábamos, nos dimos cuenta de que mis impresiones de estos accesorios se basaban más en caricaturas que en la Biblia!

Cuando Dios dice que Él es nuestro *escudo*, no se refiere a algún pequeño plato de estaño con bordes elegantes. Un escudo en la época de David era pesado; cubría alrededor de tres costados de una persona y tenía suficiente tamaño para que un guerrero corpulento se escondiera detrás. ¡La única manera de resultar herido en batalla era salirse de detrás del escudo o huir en retirada y ser atacado por la espalda! Todo lo que este mundo caído pueda enviar contra mí tiene que atravesar primero el carácter de Dios y su amoroso plan para mí. ¡Esa es mi clase de escudo!

La *roca* significa un lugar sólido y bastante alto para dar perspectiva. Por lo general, allí se construían baluartes o fortalezas. Las ciudades en el Antiguo Testamento eran seguras, de modo que, cuando las atacaban, las murallas mantenían a los habitantes a salvo, asegurándoles provisión de comida y agua. Cuando descanso en Dios y en su carácter para librar mis batallas, tengo todo lo necesario para sobrevivir.

Por último, cuando el enemigo de mi vida me ataca, tengo que entrar en mi *baluarte*. A menudo, una fortaleza tenía torres altas y, por lo general, eran circulares en sus esquinas. En ellas había pequeñas rendijas por las que se podían disparar flechas. Desde esta posición ventajosa, los arqueros podían ver claramente al enemigo que se acercaba, pero estaban protegidos de cualquier daño mientras preparaban su respuesta al ataque. Dios es el único lugar seguro al que puedo ir a fin de obtener la sabiduría y la visión que me permitirán idear un plan de batalla para mi vida.

No solo estamos protegidos exteriormente por Dios, interiormente estamos protegidos por su Espíritu Santo que mora en nosotras. El Espíritu en nuestros corazones es nuestra promesa de parte de Dios (2 Corintios 1:22). La palabra *arras* es la misma usada para un depósito o pago inicial. También se utilizaba para describir un anillo de compromiso. Dios hizo un pago de amor al darnos al Espíritu Santo para que habite en nosotras.

Por su mismo carácter, Dios puede ser lo único que necesitemos. Mary Slessor conocía a Dios de este modo. Siendo joven, a punta de remo llevó su canoa por las selvas de Calabar (ahora Nigeria). Mary se dirigió al interior de una tribu de caníbales. Ya había pasado años obrando tanto contra la superstición tribal como contra la explotación de comerciantes blancos. Los comerciantes habían introducido ron y armas, pero no habían llevado al pueblo africano ninguna luz, esperanza ni ayuda. Mientras remaba, Mary se preguntaba: *¿Quién soy yo, una mujer débil, para enfrentarme sola a aborígenes salvajes?* Pero ella conocía a Dios. Así escribió en *Our Faithful God: Answers to Prayer* [Nuestro Dios fiel: Respuestas a la oración]: "Mi vida es un largo registro diario en que cada hora la oración tiene respuesta. Por mi salud física... por guía brindada de modo milagroso, por errores y peligros evitados, por enemigos del evangelio que resultaron sometidos, por alimento proporcionado a la hora exacta necesaria, por todo lo que ha de levantar vida y mi humilde servicio, puedo atestiguar con asombro pleno que creo que Dios responde la oración".

Cuando descanso en Dios y en su carácter para librar mis batallas, tengo todo lo necesario para sobrevivir.

La relación de Mary Slessor con Dios ayudó a su batalla contra costumbres supersticiosas. La más brutal de esas costumbres era arrojar mellizos recién nacidos a los animales salvajes porque se creía que los mellizos representaban una maldición. Mary llevaba a estos niños pequeños a su casa y los criaba como suyos y, a lo largo de los años, llevó consigo a muchos niños más.

A los 67 años de edad, Mary Slessor sucumbió finalmente ante la malaria que la había plagado durante sus 38 años en Calabar. Estaba rodeada por una enorme cantidad de hombres y mujeres cristianos, hijos adultos adoptados y propios. Los habitantes de Calabar lloraron la pérdida de la mujer que escribió en el margen de su Biblia: "Dios más uno siempre son mayoría".

¿Quién eres, papá?

Nada en el concepto que tengas de ti misma o de tu pasado es demasiado grande para impedirte que alcances los objetivos que Dios tiene para ti. Cuando vemos a Dios como Él es, podemos vernos como Él nos ve, como mujeres influyentes. Somos escogidas, dotadas y aceptadas por nuestro Padre. Dios puede ayudarnos a vencer el pasado e incluso usarlo para impulsarnos e impulsar a nuestros seres amados a un lugar más positivo.

"Dios más uno siempre son mayoría".

Mi padre ha luchado con el alcoholismo la mayor parte de su vida. Él es un hombre de buen corazón que ha sido herido y que lleva mucho bagaje emocional. Ha tratado de ahogar el dolor en la botella. Sin embargo, el alcohol no solo ahoga el dolor, sino que ahoga a la persona. El buen corazón de padre y su naturaleza tierna se han amargado y encallecido. El hombre que siempre deseaba estar allí para sus hijos, y que a menudo se sacrificó en gran manera para hacerlo, se encontró emocionalmente ausente de sus vidas.

El alcohol se robó la normalidad de la vida de mi familia. No es normal temer que tu padre venga tambaleándose por el pasillo para cumplir tu cita. No es normal rescatar a tu madre de las amenazas de violencia. No es normal que te sientes toda la noche en el pecho de tu padre, cantándole para evitar que se ahorque en el garaje.

He tenido sentimientos encontrados por papá. A veces era un padre maravilloso. Proveía bien para su familia. Conducía largas distancias para llevarme a recitales de danza y reuniones de gimnasia. Se jactaba de mis logros y me decía que me amaba. Sin embargo, otras veces me hería profundamente.

En mi primer ciclo universitario volví a comprometer mi vida a Jesús. Dios en su amor comenzó a enseñarme acerca de sí mismo. Aprendí que yo era una hija del Rey y que Dios quería que le clamara: "¡Abba, Padre!" (Gálatas 4:6). *Abba* es una palabra íntima para padre que significa "amadísimo padre".

Por un acto de mi voluntad he decidido creer día tras día la descripción que Dios hace de sí mismo. Al creer que estoy segura en el amor de mi *Abba* Padre, he encontrado el poder para perdonar, amar y extender gracia incondicional a mi padre terrenal. Debido a que mi Padre celestial me ha atraído hacia sí, me he acercado más a mi propio papá. El amor de mi Padre en el cielo me ha dado la habilidad para ver y responder a lo mejor en mi papá que me crio.

Dios es confiable

Uno de mis capítulos favoritos en la Biblia es Génesis 15, en el que Dios hace un pacto con Abram (más tarde Abraham). Dios le pidió a Abram que llevara una becerra, una cabra, un carnero, una tórtola y un palomino. Abram los cortó en dos y puso cada mitad frente a la otra. Cuando se hacía un pacto en tiempos bíblicos, este era un compromiso muy solemne. No había vacíos legales. Si hacías un pacto, trababas tu brazo con el de la otra persona y juntos caminaban a través de animales descuartizados, cuya sangre les salpicaba y les manchaba la piel y la ropa. Era como si estuvieran diciendo: "Si no cumplo este pacto contigo, puedes hacerme lo que se ha hecho a estos animales".

Dios sabía que Abram era humano y que fallaría, así que le hizo dormir y Él mismo caminó a través de los animales en forma de un horno humeando y una antorcha de fuego (Génesis 15:17). Dios hizo un pacto consigo mismo. Si no cumplía sus promesas, dejaría de existir. Sabemos que Él es eterno e inmortal, y no puede dejar de existir; por tanto, es imposible que incumpla su promesa. "Si fuéremos infieles, él permanece fiel; Él no puede negarse a sí mismo" (2 Timoteo 2:13).

Infieles a una promesa

Una mujer, obligada por su corazón, creyó que el mundo podría ser un lugar mejor y que Dios quería que ella saliera e hiciera algo para alcanzar ese ideal. Regularmente arriesgó su vida para llevar esclavos a lo largo del tren subterráneo y que así encontraran libertad en el norte.

En uno de los viajes, esta valiente mujer se detuvo en la casa de un simpatizante para alimentar y albergar a su cansado grupo. Cuando llamó a la puerta, contestó un extraño. Temiendo que la capturaran, la mujer suplicó a Dios que le diera un lugar seguro para alojar a sus refugiados. Estaba amaneciendo y tenían que darse prisa. Ella recordó un pantano cercano. Cargando a dos bebés gemelos en una canasta, guió al agotado grupo a los juncos y les dijo que se tendieran en el pantano húmedo y frío. La mujer temía que el extraño ya hubiera alertado a las autoridades, así que no se atrevió a salir para buscar comida. Todo el día permanecieron allí mientras ella oraba pidiendo liberación divina.

Al anochecer, un granjero cuáquero recorrió las elevadas malezas cercanas. Parecía musitar para sí. Entonces ellos entendieron las palabras del hombre: "Mi carreta está en el granero de la próxima granja en el otro lado. El caballo está en el establo; el arnés cuelga de un clavo". El hombre se fue. Cuando el cansado grupo llegó al granero, no solo encontraron la carreta, ¡estaba surtida de provisiones!

"No mires la montaña, mira al que mueve la montaña".

Harriet Tubman era solo una mujer, pero en la década anterior a la Guerra Civil hizo diecinueve viajes de ida y vuelta a través de la línea Mason-Dixon para llevar a unos trescientos esclavos hacia la libertad. Al creer que sus acciones estaban inspiradas por Dios, ella llevó a tantos a la "tierra prometida" de libertad que la apodaron "Moisés negro".

¿Te tiene la vida boca abajo en un pantano, orando por liberación? La idealista llega al mismo pantano como todos los demás, ¡pero cree que Dios puede liberar!

Mi amiga Jill Savage suele decir: "No mires la montaña, mira al que mueve la montaña". La fe de Jill es una de las razones de que su sueño de animar a las madres se convirtiera en Hearts at Home Ministries, que ofrece conferencias a las cuales cada año miles de madres acuden en busca de ánimo y preparación.

Hearts at Home comenzó como un sueño en el corazón de Jill cuando era una reciente madre que permanecía en casa y que deseaba ser la mejor mamá posible. Cuando ella trabajaba como docente, había todo tipo de conferencias disponibles para ayudarle a mejorar su carrera; pero, cuando decidió quedarse en casa para ser una mamá de tiempo completo, se preguntó: "¿A dónde va una madre a prepararse?". Jill ansiaba ver la maternidad profesionalizada y que las madres recibieran el respeto y la capacitación que merecen.

Jill reunió a unas cuantas mujeres de ideas afines. Mientras planeaban su primera conferencia, una de las mujeres preguntó: "¿Qué haremos si llegan mil mamás?". Las demás planificadoras sonrieron y pensaron: *¡Mil! De ninguna manera, solo somos un puñado de mamás*. El día de la conferencia vieron reunidas a más de mil mamás para aprender a ser mejores madres.

¡Mira al que mueve la montaña! ¡Las provisiones para el sueño digno de Dios que Él te dio están en camino!

SÉ UNA MUJER INFLUYENTE

¿Qué aprendiste en este capítulo acerca de Dios que te liberó de uno de tus temores?

Una y otra vez en la Biblia, Dios dice a su pueblo que recuerde. Recordar nos ayuda a permanecer centradas en la capacidad de Dios y no en nuestra incapacidad. En Israel, cuando Dios realizaba una obra memorable, el pueblo construía un altar, piedra sobre piedra. Este servía como señal para recordar a todos los que pasaban lo que Dios había hecho. Cuando necesito que Dios se mueva, que actúe, que me favorezca en gran manera, o que simplemente sea Él mismo, medito en las Escrituras acerca de quién es Él. Por ejemplo, si temo que un plan esté perdiendo coherencia, miro versículos acerca del poder y la soberanía de Dios. Si estoy herida y perdiendo visión o esperanza, reflexiono en versículos sobre la bondad de Dios. Luego intento hacer un indicador, un recordatorio tangible de una victoria pasada del Señor. Esto me ofrece esperanza en que Él también ofrecerá la victoria futura.

Haz tu propio "altar" para recordarte quién es Dios realmente y quién eres tú realmente. Pon el "altar" donde lo veas a diario, ¡como un recordatorio tangible de que Dios *está de tu parte*!

He aquí algunas ideas de altar:

- un poema, una canción, o una historia
- un edredón, punto de cruz, o caligrafía
- una pintura, acuarela o escultura
- una foto, afiche o cubierta de Biblia
- una planta, una flor, o un árbol
- una placa, un plato, o una cerámica
- un llavero, un relicario, o un anillo
- un señalador, un sujeta-libros, o un video
- un fondo de donaciones o becas conmemorativas
- un protector de pantalla o un marco de pantalla para tu computadora

Después de que hayas ideado tu indicador, sueña un poco. ¿Qué sueño digno de Dios has esperado para ti? Empieza con pequeños pasos de obediencia. Hoy día, algo que ya sabes, algo que ya haces bien o disfrutas puede ser usado por Dios para influir. ¡Da vuelta a la página y mira cómo!

Proyecto Ester

"para esta hora" (Ester 4:14).

¿Qué es el Proyecto Ester?

Este ministerio se llama "Proyecto Ester" porque Dios escoge lo improbable para hacer lo imposible. ¿Quién fue una candidata improbable para rescatar y salvar sola a toda una nación? Ester, ¡una reina de la belleza! ¿Cómo lo hizo? Ofreció una fiesta con un propósito (una serie de comidas) que salvó del genocidio a toda una nación. Lo único que Ester tenía para ofrecer a Dios fue lo que era exclusivo en ella: belleza y don de hospitalidad. A fin de alcanzar personas para Cristo, Dios puede usar, y usará, como plataforma o vehículo cualquier talento o don que le demos, si se lo entregamos y estamos abiertos a ver cómo puede usarlo Él.

Dios escoge lo improbable para hacer lo imposible.

Descubre tu singularidad

Cuando viajo y hablo a grupos de mujeres, las desafío a que encuentren su pasión única dada por Dios, y que luego usen esa singularidad como plataforma para hablar del evangelio. Las animo a mirar hacia atrás para ir hacia delante. Te animo a que en tu pasado busques indicadores espirituales, acontecimientos, experiencias y versículos que marquen ocasiones en que Dios te utilizó o que son exclusivos para ti. Por ejemplo:

- ¿Tienes una educación única? ¿Te criaste en una nación extranjera, en una cultura minoritaria, en una granja, en barrios marginales, con una madre soltera, en un hogar de crianza temporal, con un hermano sordo? A menudo damos por sentado nuestra educación, pero esta podría ser el mismo don que Dios quiere usar.

- ¿Tienes algún entrenamiento único? ¡Yo empecé a hablar en público a los nueve años de edad! ¿Hablas otro idioma? ¿Danzas bien? ¿Conoces de computadoras, música, matemáticas, ciencia? ¿Qué has aprendido que pudieras enseñar a alguien más?
- ¿Tienes un sufrimiento único que Dios pueda cambiar en una plataforma para ministrar? ¿Te han maltratado o abandonado? ¿Has tenido cáncer, has experimentado pérdida, has vencido algún obstáculo?
- ¿Tienes una fortaleza única? Podría tratarse de algo que disfrutas, como decoración, cocina, artesanías, moda, manejo de dinero, un matrimonio fuerte, habilidades de crianza, de lo cual puedas hablar ahora. Si haces algo mejor o de modo distinto que la mayoría, tienes una habilidad para compartir. Por ejemplo, Bill y yo hemos visto que nuestra relación matrimonial atrae más personas a Jesús que casi cualquier otra cosa que hacemos.

¡Todo el mundo tiene para ofrecer un don único que Dios puede usar!

Utiliza tu singularidad para influencia eterna

Después de su discurso, llevé al aeropuerto a la oradora y escritora internacional Jill Briscoe. Comenzamos a hablar de que las mujeres son muy creativas y dotadas, y de que si tan solo usaran lo que ya saben o aquello en lo que son buenas, podrían alcanzar personas para Cristo. Jill me contó cómo en Inglaterra una mujer se había propuesto preparar a toda mujer en su ministerio con la visión de celebrar una fiesta en su casa a fin de que sus amistades pre-creyentes usaran un talento que ella *ya* poseía. La revista *Today's Woman* había publicado un libro sobre celebración de fiestas navideñas con un propósito evangelístico. Pensé: *¿Por qué no convertir eso en una opción para todo el año?* En cualquier momento, en cualquier parte del mundo, una mujer puede hacer una fiesta con un propósito y lograr una diferencia eterna. Llamé a esta visión *Proyecto Ester*. En las fiestas del Proyecto Ester presentamos a nuestros amigos a nuestro mejor amigo, Jesús, usando los dones que Dios ya nos ha concedido.

Sueña en cómo Dios puede usarte

¿Cuáles son algunos ejemplos de alcances de Proyecto Ester? Una de mis amigas, Lisa, hace increíbles casas de pan de jengibre. También tiene un extraordinario testimonio personal de superación. Creó una serie de varias casas de caramelos, una por cada transición que atravesaba. La primera era una elegante casa comercial de dulces que simbolizaba su búsqueda de una vida perfecta… y de un príncipe que la rescatara. La siguiente casa fue solo una caja fea de cartón con mentiras escritas por todos lados: "Eres estúpida, fea, indigna", que representaba las mentiras que ella había creído antes de encontrar a Cristo. Luego había una hermosa catedral blanca que simbolizaba el momento en que Cristo entró a su corazón. Después estaba un pesebre, que representaba la dirección de Cristo en su vida. Lisa contaba su historia, hacía una invitación para recibir a Cristo, entregaba tarjetas de comentarios para respuestas, luego recogía las tarjetas, aprovechaba la experiencia, ¡y regalaba las casas de caramelos!

Ministerios enteros se desarrollan de simples fiestas con un propósito. Vonda hacía pasteles de manzana; Amy enseñaba habilidades de voleibol; Diane se centraba en decoración; Kathy se enfocaba en compras de rebajas; Linda decoraba mesas; Sharon decoraba pasteles, etc. Los Littauer desarrollaron una prueba de personalidad que ahora la usan millones. Mi amiga Ellie Kay fue conocida como "La Reina del Cupón"; ahora es experta financiera en todo el mundo. Anita Renfroe convirtió su sentido del humor en un don de parodia que la ha escoltado en muchas oportunidades para hablar de las condiciones generales del mercado. Stormie Omartian simplemente oraba; ahora millones se han preparado para orar usando los recursos de Stormie.

He aquí un ejemplo de un bosquejo de fiesta que nuestra familia ha utilizado una y otra vez. Casi cada año, al menos uno de mis hijos celebra una fiesta de pizza y deportes para cada uno de sus equipos deportivos. La programación funciona algo así:

- juego/concurso para empezar (5 minutos)
- videoclip de un atleta profesional (1-2 minutos)
- testimonio de un compañero de equipo (3-4 minutos)
- historia de fe de mi hijo (3-4 minutos)
- presentación del evangelio como "Las cuatro leyes espirituales" de Cruzada Estudiantil (aproximadamente 6 minutos)
- tarjetas de comentarios / sorteo de premios (3-4 minutos)
- pizza gratis y más juegos (como baloncesto, que se puede jugar hasta que los padres de los participantes los hayan recogido a todos)

Aproximadamente, en 30 minutos se ha completado todo el programa, el evangelio se ha presentado claramente, y todos se han divertido. Siempre tenemos claro que la fiesta es de "inspiración espiritual" o "preparación de liderazgo desde un punto de vista espiritual" porque queremos ser sinceros en nuestras invitaciones.

Los detalles son determinantes

¿Cómo puedes hacer que tu evento tenga éxito? Reúne un equipo que te ayude. Pide a algunas amigas cristianas comprometidas que te ayuden con la comida, las invitaciones, y los detalles ese día y posteriormente. A menudo funciona bien que dos o tres amigas usen como un conjunto sus dones exclusivos, y que todas inviten a sus círculos de amistad.

Una vez algunas mamás de futbolistas juntamos nuestros dones e invitamos a todas nuestras amigas y a las mamás de los miembros del equipo de fútbol. Casi 50 aparecieron una noche en uno de los hogares de mamás de futbolistas.

El verdadero trabajo lo haces por anticipado sobre tus rodillas. ¡Ora, ora, ora! Luego invita el triple de personas que crees que puedan caber en el espacio disponible. No todas podrán asistir, así que ve la invitación como una prolongación del evento. Quizás tu amiga no haga el evento, pero podría querer hablar de aspectos espirituales cuando la invites. Envía una invitación escrita, y realiza un seguimiento con una invitación personal o una llamada. El día anterior realiza llamadas y envía correos electrónicos como recordatorios.

¡Sé positiva! Espera que Dios obre. Como estudiante de Cruzada Estudiantil, en mi primera fiesta para el equipo de natación, mi mentora me dijo: "Habla de Cristo en el poder del Espíritu Santo, y déjale los resultados a Dios". Si una persona viene, es alguien más que tiene la oportunidad de llegar a conocer a Jesús. Tu obediencia y disposición ya han hecho de la fiesta un éxito a los ojos de Dios.

Haz seguimiento

Después de la fiesta, asegúrate de hacer seguimiento a tus invitados. Animo a las mujeres a usar algunas preguntas sencillas para iniciar conversaciones espirituales:

- ¿Qué piensas de la fiesta?

- ¿Qué parte te gustó más?
- ¿Has tomado alguna vez la maravillosa decisión de invitar a Cristo a tu corazón?
- Te gustaría hacerlo, ¿verdad? Creo que llegar a conocer personalmente a Cristo es la mejor decisión que he tomado.

Entonces cuenta tu historia de fe, ofrece regalarle a tu amiga un folleto como *Las cuatro leyes espirituales* o *Pasos para la paz con Dios,* o incluso léelo en voz alta; o habla del evangelio usando cualquier otro método con el que te sientas cómoda.

Si toda esta conversación te intimida, entonces simplemente invita a tu amiga a la iglesia o a un estudio bíblico, u ofrece una reunión para tomar café. Si es apropiado, brinda asesoramiento personal individual para enfocar un aspecto de necesidad en la vida de tu amiga como crianza de los hijos, matrimonio, temor o depresión. Sencillamente, provee lo que Dios te ha dado.

Contáctame en www.farrelcommunications.com o pam@farrelcommunications.com y hazme saber tu plan de fiesta Proyecto Ester. ¡Estaré orando! ¡Luego cuéntame lo que Dios hizo para que yo pueda alegrarme contigo!

5

INTERDEPENDIENTE
Agudiza tus habilidades sociales

Soy solo una; pero sigo siendo una. No puedo hacer todo, pero aún puedo hacer algo; no me negaré a hacer algo que puedo hacer.

HELEN KELLER

Como esposa joven, Linda Shepherd se matriculó en el seminario con el sueño de trabajar en el ministerio de jóvenes. Debido al exceso de inscripciones, el seminario *canceló* a todas las mujeres que no estuvieran casadas con esposos seminaristas. ¡Linda dejó el seminario antes de comenzarlo!

Entonces, el esposo de Linda se mudó a cientos de kilómetros de casa. Después, su hija Laura, de dieciocho meses de edad, salió lanzada de un auto durante un violento choque, pasó los diez meses siguientes de su vida en estado de coma, y despertó con graves discapacidades: ciega, paralizada del cuello para abajo, y en terapia intensiva.

La vida de Linda dio un vuelco, pero, en lugar de lamentarse por sí misma o por su familia, comenzó a escribir para animar los corazones de los desanimados. Con el tiempo fundó Right to the Heart Ministries, que incluye sus escritos (casi veinte libros), conferencias, un sitio web para mujeres líderes, un programa de radio, un congreso para escritoras y oradoras cristianas, y otros recursos para mujeres en el ministerio. Satanás quiso derrotar a Linda, pero su dolor emocional y dificultades solo alimentaron su corazón para ayudar a otras personas.

Una víspera de Año Nuevo, Linda comenzó a pensar en todas las personas que estaban tristes y desanimadas durante los días festivos. Ella sabía que la víspera de Año Nuevo era el tiempo de mayor índice de suicidios. Sabía que gente desesperada a menudo se sentaba en sus computadoras y pedía ayuda a través de buscadores. Linda pensó: *Desearía que alguien hiciera una presentación del evangelio que los quebrantados de corazón pudieran encontrar*. Luego ella comprendió: *Mi sitio web ya tiene el tipo de presentación que se necesita. Godtest*, el sitio web que Linda inició esa víspera de Año Nuevo, ha tenido un millón de visitas de parte de personas que buscan conocer a Dios. Doscientas mil de ellas han llegado a la fe en Cristo. Otras 200.000 ya eran cristianas que buscaban ayuda para la depresión.

Linda comenta: "Ya que yo misma estuve al borde del suicidio debido a que mi hija no despertaba del coma durante nuestra prueba, Dios me ha puesto compasión por los quebrantados de corazón. Me ha dotado para enseñarles cómo entregar a Dios sus corazones heridos".

Encontremos amistades sanas

Las mujeres influyentes deben construir sus amistades basadas en principios bíblicos, porque estos muestran el carácter de Dios. Necesitamos relaciones fuertes con otras personas, pero también debemos saber la diferencia entre interdependencia sana y dependencia destructiva.

La interdependencia dice: "Estaré allí para ti". La dependencia dice: "No puedes hacerlo sin mí".

La interdependencia dice: "Deseo que cambies y crezcas". La dependencia dice: "Quiero que seas como yo".

La interdependencia dice: "Si abrir nuestra amistad es saludable, seamos amigas". La dependencia dice: "Nadie más puede ser tu amiga".

La interdependencia dice: "Esperaré hasta que sea conveniente". La dependencia dice: "Me impondré en ti, pero lo entenderás; después de todo, me amas, ¿no es verdad?".

La interdependencia dice: "¿Qué puedo hacer para ayudarte?". La dependencia dice: "¿Qué puedes hacer para ayudarme?".

La interdependencia dice: "Estoy agradecida por lo que has dado". La dependencia dice: "Me debes más".

Conocernos unos a otros

A demasiadas mujeres les resulta difícil conocer nuevas personas. Mi familia se mudó mucho durante mi infancia, y dondequiera que íbamos mi querida madre me convertía en la saludadora no oficial. En ese tiempo no me gustaba ese papel, pero ahora lo agradezco porque me obligó a aprender a conocer nuevas personas.

Cuando piensas en la otra persona, no tienes tiempo de pensar en ti misma.

El aspecto más importante de conocer a alguien es pensar primero en la otra persona. Cuando piensas en la otra persona, no tienes tiempo de pensar en ti misma. Un buen ejemplo también ayuda. Si lidias con encontrar nuevas personas o te sientes incómoda en ambientes sociales, pide a alguien que sea buena en ello que te diga cómo lo hace. Mejor aún, pregúntale si puedes acompañarla a un ambiente social y observarla. Imita lo que ella dice y hace, a través de tu propia personalidad, desde luego, y pronto te sentirás más cómoda conociendo nuevas personas.

Animarnos y edificarnos unos a otros

"Animaos unos a otros, y edificaos unos a otros" (1 Tesalonicenses 5:11).

Tengo una buena imagen de lo que significa edificarse unos a otros cuando construimos nuestra casa. Y me refiero a que *construimos* nuestra casa. Cuando yo tenía ocho meses de embarazo, estuve allí afuera con mi esposo y nuestros amigos, uniendo tablas a martillazos, tratando de competir con la cigüeña y de tener una casa construida antes que nuestro tercer hijo naciera.

En las paredes maestras y alrededor de puertas y ventanas pusimos madera de cinco centímetros por diez para que pudieran soportar más peso. El término de construcción para clavar la madera en paredes maestras es *hermanar*. Cuando martilleamos juntas nuestras vidas, podemos ayudarnos a soportar más peso y a manejar cualquier cosa que la vida lance a nuestro paso.

Responsabilidad no es una palabra bíblica, pero en la Biblia encontramos el principio de responsabilidad. La palabra bíblica *exhortación* significa "hacernos a un lado a fin de extraer lo mejor en la otra persona". *Amonestación* significa "poner en mente"; transmite la idea de poner los pensamientos correctos en la mente de otro. ¿No es eso lo que necesitamos? Amigas que caminan juntas, ¡poniendo los pensamientos correctos en la mente a fin de extraer lo mejor!

Cuando me reúno con mis compañeras de oración, usamos estas preguntas para rendir cuenta de nuestros actos y sacar lo mejor de cada una:

- ¿Has pasado tiempo a diario con Dios?
- ¿Has agradecido a Dios hoy? ¿Esta semana?
- ¿Has hablado con alguien acerca de Dios esta semana?
- ¿Has administrado tu tiempo de modo que refleje tus prioridades?
- ¿Has tenido una buena actitud hacia tu cónyuge y tus hijos?
- ¿Has dicho (o hecho) cosas dañinas a alguien esta semana?
- ¿Has perdonado todas las heridas que te han hecho?
- ¿Has sucumbido a un hábito adictivo?
- ¿Has conservado tu mente pura de pensamientos que te distraerían del mejor plan de Dios para tu vida?
- ¿Has administrado tu dinero con integridad?

- ¿Has deseado en secreto la desgracia de otro o has codiciado las cosas o la vida de alguien más?
- ¿Has manipulado a otra persona solo para tu beneficio?
- ¿Has cuidado de ti y de tu salud para que puedas vivir más y más fuerte para Dios?
- ¿Dijiste la verdad hoy cuando te hice estas preguntas?

Chisme peligroso

Un verano pasé todo el tiempo devocional estudiando en la Biblia las palabras *boca, palabras, lengua* y *chisme*. Quise encontrar una definición sencilla de *chisme* para poder evitarlo. ¡Fui iluminada! Mi definición práctica de *chisme* llegó en la forma de tres preguntas para hacerme antes de hablar:

- ¿Diría esto si la persona estuviera sentada aquí a mi lado?
- ¿Tengo permiso para hablar de esto?
- ¿Puede la persona a la que le cuento hacer algo respecto a la situación?

Si no puedo contestar "sí" a cada una de las tres preguntas, ¡mantengo la boca cerrada! Negativas o positivas, no nos corresponde contar algunas historias. Incluso hacer saber buenas noticias puede ser algo contraproducente. Una vez una amiga me llamó gozosa con la buena noticia de que estaba embarazada. Salté al teléfono y llamé a varias amigas que sabía que se emocionarían por ella. No me imaginé que mi amiga estaba tratando de llamarlas para contárselo en persona. Cuando finalmente pudo hablarles, todas ellas respondieron: "¡Lo sé! ¡Pam me lo contó!". Sin querer le había robado el gozo a mi amiga.

Cuando alguien acude a mí con algún chisme, trato de detenerlo tan pronto como sea posible. Mis tácticas favoritas incluyen cambiar de tema, explicar de modo cortés que no creo necesario conocer la información, o recomendar al portador de la noticia que le permita a la persona interesada decírmela personalmente. Si estoy a solas con la chismosa, puedo explicar que creo que el tema sería chisme y que es mejor no contarlo. Yo no respondería eso en un ambiente público porque no querría avergonzar a la otra persona o añadir al ciclo del chisme.

Amonestación o crítica

Las mujeres influyentes deben aprender la diferencia entre amonestación y crítica. La crítica es prima cercana del chisme. La amonestación es consejo, instrucción o advertencia. El objetivo de la amonestación es levantar, fortalecer o equipar a quien se amonesta.

Debemos ganar el derecho de amonestar a otra persona. Demasiada gente cree que la amonestación es un don espiritual. ¡No lo es! La amonestación debe estar acompañada por un compromiso espiritual de alguna clase. Si vas a señalar una debilidad en la vida de alguien, es mejor estar lista a ofrecer hacer algo para ayudar en ese aspecto, ¡o no decir nada!

Se nos dice que restauremos a otros con mansedumbre (Gálatas 6:1) y que nuestras palabras sean con gracia (Colosenses 4:6). Algunas mujeres son tan buenas en la amonestación piadosa que terminas sintiéndote cuidada y amada en vez de destrozada. Quien oye la amonestación puede sentirse introspectiva, porque el Espíritu Santo está obrando, pero también puede sentir que dijiste las palabras porque de veras te importan los mejores intereses de tal persona. Si quieres amonestar por cualquier otra razón, ¡guarda silencio!

A veces la crítica da en el blanco. En esos momentos debo llevar los comentarios a los pies de Jesús y pedirle que los examine. La Palabra nos dice que desechemos las vanas especulaciones, y sé que Satanás es el rey de las mentiras, por lo que deseo rechazar la crítica que proviene de él. Pero si la crítica presenta algo de amonestación de parte de Dios, quiero que mi corazón la reciba.

La crítica me hace sentir vulnerable. Trato de no defenderme. En vez de eso, simplemente contesto: “Gracias por tu confidencia”. Entonces voy delante del Señor con mi corazón cargado. Después que he pasado tiempo con Jesús por el contenido de la crítica, oro por mi reacción ante ella. Un día, mientras veía televisión, oí a Joyce Meyer decir esto acerca de la crítica: "Si te encuentras en un lugar en que te sientes lastimada o desanimada por la bajeza, los celos, las palabras hirientes, la negatividad o la maldad de alguien más, entonces alaba a Dios porque la situación podría ser peor: ¡podrías ser tal persona!".

Cuando estoy dolida, tengo varias alternativas.

Puedo perdonar y no decir nada. A menudo este es mi método con la crítica continuamente polémica. Responder a la crítica de algunas personas simplemente alimenta más crítica, porque lo que quieren es control o atención. Prefiero dar a otros el beneficio de la duda y perdonar, suponiendo que no trataron de lastimarme intencionalmente.

Puedo perdonar y luego fijar una cita para hablar. Quiero responder si quien me critica es tierno en el Señor porque esto me da una buena oportunidad de enseñar, aunque solo sea para ser ejemplo de la manera bíblica de amonestar. Quiero responder si la persona y yo debemos reunirnos para tener comunión o trabajar. Quiero responder si la crítica es de un líder o un supervisor; en ese caso, simplemente puedo corregir mi conducta o establecer una conferencia para aclarar mi posición y negociar una resolución. Si tengo miedo de quien me critica, tal vez quiera pedir una reunión con un mediador, alguien neutral que pueda ayudarnos a zanjar nuestras diferencias.

No permitas que la crítica frene el plan de Dios para ti.

Antes de cualquier confrontación, trato de establecer tantas directrices como sea posible. ¿De quién es este problema: tuyo, mío, de ambos, de alguien más? ¿Quién debe estar en la reunión? ¿Dónde nos reuniremos? ¿Cuánto tiempo durará la reunión? No querrás originar una discusión sobre la reunión misma. Sugiero que ores y fijes algunos parámetros para la reunión, luego ofrece las directrices a tu crítico. Si no pueden ponerse de acuerdo, pide que un mediador también disponga los parámetros.

Si eres una mujer influyente, espera críticas. Aquellos que reposan cómodamente en el cuartel no están en la primera línea de fuego como tú. Cuando eres una mujer influyente, haces que las cosas ocurran. Cuando haces que las cosas ocurran, agitas al *statu quo*, y algunas personas reaccionarán con críticas. Hagas lo que hagas, no permitas que la crítica frene el plan de Dios para ti.

Al hacer la voluntad de Dios, tu corazón será curado.

A principios de mi ministerio recibí una larga carta llena de ataques sobre mi carácter, mis motivos, mi ministerio y mi familia. La carta llegó después de una larga y agotadora obra, cuando me hallaba sensible al desánimo. Cuando la leí, una nube negra cubrió mi corazón. Clamé a Dios en medio de mi dolor. Luego me enojé. Después lloré. Entonces me deprimí. Me sentí derribada emocionalmente en la acalorada pelea. Satanás me quería tan desanimada que no pudiera ministrar. Y, créeme, sentí que mi carne renunciaba. Yo sabía que podía elegir amargarme o quebrantarme. Es natural querer volverte amargada. Es mejor quebrantarte por una herida y permitir que Dios la cure.

Tardé varios meses, pero poco a poco mi perspectiva volvió. En medio de mi quebrantamiento seguí haciendo lo que Dios me había llamado a hacer. Al mantener la mirada en Jesús y las necesidades ajenas obtuve nueva y audaz resolución. Cuando alguien te lastima o ataca, sigue haciendo lo que sabes que es tu llamado, tu pasión, y tu camino. Al hacer la voluntad de Dios, tu corazón será curado.

Perdonarnos unos a otros

El perdón es necesario para cualquier relación sana. Perdonar no significa olvidar que se hizo un daño ni menospreciar el problema. Perdonar no es decir: "¡Ah, no pasa nada!". ¡Un daño infligido no está bien! Perdonar es una decisión de mi voluntad de frenar el efecto de la injusticia sobre el desarrollo de mi carácter.

A fin de ayudar a entender el perdón, mi esposo Bill creó una serie de seis declaraciones que utilizamos en nuestro ministerio de conferencias y consejería.

Perdonar expresa:

1. Te perdono ________ (la persona) por ________ (la ofensa).
2. Admito que lo que se hizo estuvo mal.
3. No espero que ______ (la persona) compense lo que ha hecho.
4. No utilizaré esta ofensa para definir quién es ________ (la persona).
5. No manipularé a ________ (la persona) con la ofensa.
6. No permitiré que la ofensa frene mi crecimiento.

Jesús no espera que compensemos nuestro pecado. Eso sería imposible. Tampoco quiere que descartemos nuestro pecado como algo sin importancia. Él no lo racionaliza ni lo encubre. ¡Jesús murió por ese pecado! No podemos deshacer lo que hemos hecho mal, pero podemos aceptar el perdón de Dios y continuar con una vida sana que muestre comportamiento piadoso.

Jesús no nos define por nuestro pecado. Cuando llegamos a Él, nos hace nuevas criaturas. Dios nos ve vestidas con la justicia de Cristo. Jesús no nos manipula con nuestro pecado; no lo cuelga sobre nuestra cabeza ni nos apuñala por la espalda con este. Nos obsequia un borrón y cuenta nueva. Nos libera para crecer en todo lo que diseñó que fuéramos.

Llevarnos bien los unos con los otros

Un anciano estaba sentado en el porche de la tienda del pueblo. Una pareja se acercó y habló con él.

—Hola, somos nuevos en esta comunidad. ¿Cómo se vive aquí?

—Bueno —contestó el anciano—. ¿Cómo se vive en el lugar de donde ustedes vienen?

—La gente era muy agradable y amigable, amable y cariñosa.

—Bueno, es más o menos lo que encontrarán aquí.

Al poco tiempo otra pareja se mudó al pueblo.

—Hola, somos nuevos en esta comunidad. ¿Cómo se vive aquí?

—Bueno —contestó el anciano—. ¿Cómo se vive en el lugar de donde ustedes vienen?

—La gente era fría, crítica, chismosa y gruñona.

—Bueno, es más o menos lo que encontrarán aquí.

Ayudamos a crear las relaciones que tenemos. La regla de oro definitivamente se aplica: "Todas las cosas que queráis que los hombres hagan con vosotros, así también haced vosotros con ellos" (Mateo 7:12). La Biblia nos dice que nos soportemos, que vivamos en armonía, y que nos tengamos compasión. El principio clave para decidir llevarse bien se encuentra en Efesios 4:2: "Con toda humildad y mansedumbre, soportándoos con paciencia los unos a los otros en amor". En 1 Pedro 5:5 (NVI) se nos recuerda: "Revístanse todos de humildad en su trato mutuo".

Un corazón humilde perdona fácilmente.

Un corazón humilde no tiene que tener siempre la razón. A un corazón humilde no le importa quién se lleve la gloria… excepto Dios. Un corazón humilde no se ofende fácilmente. Un corazón humilde ha aprendido que el secreto del gran liderazgo es el servicio. Un corazón humilde busca el mayor bien de todos. Un corazón humilde puede aceptar amorosamente que no se esté de acuerdo. Un corazón humilde perdona fácilmente. Un corazón humilde es grande entre los grandes y pequeño entre los pequeños.

Un alto funcionario británico entretuvo una vez en su casa a una dama altiva y sofisticada. Por equivocación, el asistente del anfitrión le pidió que se sentara a la izquierda del anfitrión y no en el lugar de honra a la derecha. La visitante se ofendió, e indignada se volvió hacia el general, quien era su anfitrión.

—Supongo que usted tiene verdadera dificultad en lograr que su ayudante siente a sus invitados correctamente en la mesa —le reprochó.

—Oh, no. Para nada —contestó el general—. He descubierto que a quienes son importantes esto no les importa, y que a quienes les importa no tienen importancia.

Seamos amigos de nuestros camilleros

Cuando alguien resulta herido en una batalla, lo colocan en una camilla y lo llevan a un lugar donde puedan prestarle ayuda. Quienes portan la camilla son el puñado de seres a quienes llamarías si algo horrible ocurre en tu vida. *Sabes* que puedes depender de ellos. Todos los necesitamos, y además debemos *ser* esos camilleros para otros. Lucas nos cuenta la historia de un hombre que fue cargado y luego bajado por un techo para que Jesús pudiera ayudarlo. Al ver la fe de los amigos, Jesús curó al hombre (Lucas 5:17-26).

¿A quién llamarías si algo te sucediera a ti, a tu esposo, a tu hijo o a tus padres? ¿Qué amigos brindarían el tipo de sabiduría, consuelo y apoyo que necesitas?

Todas las personas a quienes yo llamaría en una emergencia son amistades a quienes he tenido que decir: "Lo siento" en determinadas circunstancias. Estas personas saben que no tengo todo bajo control. Me han visto en mis peores momentos. Conocen mis defectos y me aceptan de todos modos. Están comprometidas a ver que me mantenga en la pista hasta que llegue a la meta.

Tales relaciones son pocas. Mis camilleros merecen el sacrificio a fin de mantenerme en contacto con ellos. Y he descubierto que la mejor manera de tener amigos camilleros es ser uno de ellos.

Aceptarnos unos a otros

Me hallaba con una mujer a quien estoy discipulando. Me senté y expliqué los siguientes pasos que creí que ella debía dar en su crecimiento como líder. Recité de memoria planes e ideas. A cada una de mis ideas, ella respondía: "Pam, no creo que yo pueda hacer esto". Yo reaccionaba dándole palabras de ánimo. Finalmente, la tranquila mujer me miró directamente a los ojos y exclamó con tanta resolución como pudo: "¡No estás escuchándome! ¡Estoy diciéndote que no puedo hacer eso ahora mismo!".

Entonces, finalmente, la oí. Ella no se oponía filosóficamente a nada del plan, pero había estado tratando de explicar un conflicto interior, y yo estaba restándole importancia. Siempre había sido su animadora. Ella siempre había podido mirar aceptación y apoyo en mí. Ahora, cuando me necesitaba de veras, yo estaba lanzándole expectativas irreales. Me hallaba imponiéndole mi agenda en lugar de apoyar la agenda que Dios tenía para ella. Pedí perdón, retrocedí y escuché.

Debemos ayudar a las personas a conseguir el lugar que Dios les tiene preparado, no *nuestro* lugar para ellas. A veces será el mismo lugar, a veces no. Nadie mejor que Dios para ayudar a tu amiga a encontrar la voluntad que Él le ha asignado. La obligación de ella está en escuchar a Dios. Tu trabajo es ayudarle a estar vinculada con Dios.

Debemos ayudar a las personas a conseguir el lugar que Dios les tiene preparado, no nuestro lugar para ellas.

Instruirnos unos a otros

Es necesario enseñar a nuestras futuras líderes. ¿Cómo podemos esperar que alguien haga un trabajo si nunca se le ha entrenado? Una mujer influyente desea compartir a otras dónde ha estado a fin de que puedan estar preparadas para llegar al destino que Dios les ha marcado.

En *A Chance to Die* [Una oportunidad de morir], Elisabeth Elliot cuenta cómo influyó en ella la vida de Amy Carmichael:

> Amy Carmichael se convirtió para mí en lo que algunos llaman un ejemplo para seguir. Ella fue mucho más que eso. Fue mi madre espiritual. Me mostró qué forma tenía la piedad. Por un tiempo, supongo, creí que ella debió haber sido perfecta, y eso era suficientemente bueno para mí. Cuando crecí, supe que Amy no pudo haber sido perfecta, y aquello fue aún mejor porque significaba que me era posible caminar sobre sus huellas. Si exigimos ejemplos perfectos, a excepción del mismo Hijo del Hombre, no obtendremos ninguno.

Ser hospedadores unos de otros

Nuestras casas deben ser una extensión de nuestra influencia. Nuestra sociedad es tan móvil que a menudo no conocemos a nuestros vecinos, y ni siquiera intentamos hacerlo. Vamos a trabajar y volvemos, y lo último que queremos hacer al llegar a casa es recibir visitas.

He ahí una falacia. Hospitalidad no es recibir visitas; es una actitud de abrir tu vida para que otros puedan entrar. Se deben vencer tres obstáculos si quieres ser alguien hospedador: (1) No tengo suficiente tiempo, (2) no tengo suficiente dinero, (3) no tengo suficiente espacio. Observa que todas las tres declaraciones están en *primera persona* del singular. Por el contrario, la hospitalidad empieza en la *segunda persona*.

Hospitalidad no es recibir visitas; es una actitud de abrir tu vida para que otros puedan entrar.

No hay tiempo. Una persona hospitalaria aprende a festejar según se mueve en la vida. Si es importante para ti, creativamente sacarás tiempo. Lleva bocadillos para el auto compartido. Hazte con un montón de revistas, átalas con una cuerda, y déjaselas a una amiga. En el camino al trabajo, agarra dos cafés y charla con una compañera de trabajo por unos minutos. Mantén una "caja de fiesta" con serpentinas de papel crepé, globos, cinta adhesiva, cartulina y marcadores; puedes utilizar todo a corto plazo para felicitar a alguien.

No hay dinero. La mejor fiesta que he hecho fue una celebración de cumpleaños para Bill cuando él estaba en el seminario. No teníamos dinero, al igual que todos nuestros amigos del seminario. Envié invitaciones escritas en bolsas de almuerzo de papel marrón. Pedí a los destinatarios que llenaran las bolsas con sus refrigerios favoritos como regalo para Bill. En la fiesta puse un montón de suministros de arte, cinta adhesiva y tijeras, y a cada persona se le pidió que creara un regalo para Bill de otra bolsa marrón de almuerzo. Los regalos fueron divertidísimos. Bill obtuvo un maletín de papel marrón, gafas de papel marrón y un traje de papel marrón. Proporcioné palomitas de maíz y bebidas. Estoy segura de que toda la fiesta costó menos de diez dólares... ¡quizás menos de cinco!

No hay espacio. Mamá solía decirme: "Vienen a vernos a nosotros, no a la casa". Si tu alcoba, apartamento o casa no es tan grande para un evento, ¡traslada la fiesta! Ve al parque, la playa, el lago, el garaje, el patio, la entrada de la casa, el centro comunitario, ¡o el granero! Una pareja creativa que conozco vivía en un aparta-estudio diminuto, así que ofrecieron preparar comidas elaboradas y llevarlas a las casas de sus amistades. A todos les encantó la idea. Puesto que trabajaban los dos, llevaban vidas estresadas ¡y casi nunca tenían una comida casera!

Hay "amistades del corazón y amistades para el camino".

Redefinición de las relaciones

Las relaciones cambian en el camino. Hay "amistades del corazón y amistades para el camino". Algunas relaciones son permanentes, mientras que otras solo son por un tiempo.

Continuamente considero delante del Señor con qué mujeres necesito pasar tiempo. Cuando conozco el propósito de una relación, puedo evaluar si está destinada a ser permanente o temporal. He descubierto que mis relaciones deben redefinirse cada vez que hay un cambio importante. Uno de nosotros puede mudarse, conseguir un trabajo nuevo, tener un bebé, o cualquier otra cosa. Cuando eres sincera en las relaciones, tus amigas serán libres de responder con expectativas conocidas, sin sentirse confundidas preguntándose dónde están en relación contigo.

A veces los demás quieren de ti más de lo que puedes dar, o más de lo que sientes que Dios desea que des. Es mejor ser sincera y explicar con tacto tus limitaciones que prometer algo que no puedes dar o que no tienes intención de dar. Pido a la persona que me diga dónde ve la relación desde este momento, y también le ofrezco mi opinión.

A veces hay gente que sale de mi vida sin que tenga que ver conmigo. Si la persona ha sido amiga cercana, colega o discípula, trato de averiguar si está luchando con un problema personal o espiritual. A ciertas mujeres solo puedo dejarles una nota rápida en el correo o un breve mensaje en el buzón de voz. Pero si puedo, trato de tener una charla cara a cara. Siempre trato de ser cariñosa, optimista y buena oyente. No trato de quemar puentes por los que tal vez necesite pasar de nuevo.

Al redefinir una relación, revisa cómo Dios creó tu amistad. Concéntrate en las necesidades especiales que la amistad satisfizo durante un tiempo. Haz un listado de las cualidades positivas que en el momento cada una aportó a la relación.

Una vez redefinida, una amistad con otra creyente, céntrate en la soberanía y el cuidado de Dios. Cuando hayas redefinido una relación con una persona incrédula o en un ambiente secular, abandona el lenguaje cristiano. No digas que Dios te llamó a dejarlos. Podrían interpretar la situación como alguna extraña experiencia de canalizar espíritus o considerar que Dios no los ama. Tu relación tal vez tenga que cambiar, pero trata de dejar la puerta abierta para la relación de esas personas con Dios.

Servirse unos a otros

Los mejores líderes son primero los mejores siervos. Tenemos que saber cómo seguir bien, a fin de saber cómo dirigir bien. Jesús declaró: "Si alguno quiere ser el primero, será el postrero de todos, y el servidor de todos" (Marcos 9:35).

La actitud de siervo va contra todo lo que el mundo nos enseña. Se supone que debemos tratar de ser número uno, de ir directo a la yugular. No obtenemos muchos elogios por servir. Incluso tal vez tengamos que lidiar con la sensación de que otros están aprovechándose de nosotras.

Era la mañana de Pascua y llovía. Alisté a mis dos bebés para este día especial y fui a vestirme. Salí de mi alcoba y encontré a los dos niños pisando charcos de barro en el patio. Los llamé, pero Zach estaba reacio, así que salí en medio de la lluvia tras él. Estiró los brazos para que lo cargara y frotó sus pies embarrados en mi nueva falda blanca.

—Zach, ¡detente, por favor! —grité.

—¿Por qué? —preguntó Zach.

—Esta falda es especial. ¡Mamá es una persona también!

Entonces Brock intervino.

—Tú no eres una persona. ¡Eres una mamá!

La escritora Colleen Townsend Evans afirma que la mejor manera de probar tu espíritu de sierva es observar cómo reaccionas cuando te tratan como sierva.

Mi corazón de sierva no estaba muy sano ese día, pero mis hijos me ayudaron a darme cuenta de que un corazón de sierva ve una necesidad y trata de satisfacerla sin beneficio personal.

Sé una mujer influyente

¿Tienes un surtido equilibrado de relaciones? ¿Son no cristianas todas tus amistades o son todas cristianas? ¿Tienes que profundizar en algunas relaciones o hacer algunas nuevas? Elige una de estas actividades para fomentar amistades:

1. Agradece personalmente a quienes son tus camilleros.
2. Programa tiempo con alguien con quien te gustaría una amistad más profunda.
3. Haz una lista de lugares en que puedas hacer nuevas amistades. Conoce a alguien nuevo esta semana.
4. Redefine una relación reuniéndote con esa persona.
5. Escribe tarjetas de agradecimiento a todos aquellos que te han ofrecido ayuda a lo largo del camino.
6. A veces nuestro grupo de amistades necesitan equilibrio. Pregúntate quién está ausente de tu círculo de amistades. ¿Tienes mentoras? ¿Pupilas (personas para las que eres una mentora)? ¿Amigas camilleras? ¿Personas que están buscando a Dios? ¿Animadoras?

6

Decidida
Alcanza tu potencial

No vayas donde pueda llevarte el sendero. Ve donde no haya sendero y deja un rastro.

Muriel Strode

"¡No!", gritó la mujer casi instintivamente mientras se ponía de pie. El sonido se propagó por todo el salón. Una asamblea de delegados acababa de vetar la solicitud de su marido de ser empleado como pastor itinerante para el movimiento. La esposa quedó estupefacta, pues estaba muy segura de que esa era la voluntad de Dios para su cónyuge y ella misma. Al principio se llenó de profunda frustración ante lo que parecía ser un grave obstáculo para el sueño que tenían. Luego se impresionó al comprender que este era el permiso divino para que volaran. Dios tenía otros planes más grandes para ellos. Sintiendo ambos la dirección de Dios, se tomaron de la mano y salieron del edificio.

Catherine y William Booth se alejaron de una oportunidad de ministrar en una localidad en que tendrían ingresos un tanto seguros y en que conservarían el exitoso ministerio que ya habían desarrollado.

Sentían un llamado a ministrar a toda Inglaterra, en especial a los más pobres y oprimidos. Ese día, los Booth dejaron lo conocido y entraron a lo desconocido para iniciar un ministerio que se convertiría en el Ejército de Salvación.

Catherine había sido una niña enferma y frágil, incapaz de asistir a la escuela tradicional durante la mayor parte de su vida. En vez de perder tiempo sintiendo pena por sí misma, inundó su mente con excelente literatura. Cuando tenía doce años, había leído ocho veces la Biblia, y le encantaban los clásicos, todos desde Dickens hasta Dante.

Se casó con William Booth, un hombre brillante y elocuente, aunque con poca formación, y se lanzaron a una vida caracterizada por la fe, los riesgos y el servicio. Catherine no esperó que la invitaran a hablar. Un día, después que William había predicado, preguntó si podía decir algunas palabras. William consintió, y el resultado fue un emocionante sermón que conmovió los corazones de la congregación por segunda vez esa mañana. La señora Booth también rompió una barrera. En aquella época era raro que las mujeres en Inglaterra hablaran en público, pero la noticia del don inspirador de Catherine se difundió. Ella era tan talentosa en el púlpito como su itinerante esposo predicador. Ambos atrajeron enormes multitudes por toda Inglaterra.

Catherine fue una madre dedicada que crió ocho hijos, y no esperó a que ellos crecieran para ministrar. Los llevaba a ministrar con ella. Cada uno de los ocho ocupó posiciones de liderazgo dentro del Ejército de Salvación.

Catherine Booth sintió que la vida era demasiado corta para esperar. Buscó maneras de influir; y, si no encontraba una, la creaba. Creyó que gran parte de lo que la sociedad quería que las mujeres hicieran era una pérdida de tiempo y de talentos. Años después escribió en una carta a uno de sus hijos: "Estamos hechos para fines más grandes de los que el mundo puede abarcar. Oh, seamos fieles a nuestro destino exaltado". Frustrada por la frivolidad material que veía a su alrededor, manifestó: "Será un día feliz para Inglaterra cuando las damas cristianas transfieran su atención de los perros falderos a los niños desamparados y hambrientos". ¡Bajo el liderazgo de Catherine muchas mujeres hicieron exactamente eso!

Más tarde, Catherine Booth se lanzó a una batalla política contra la venta de jovencitas para la prostitución. En Inglaterra no había castigo para quienes prostituían niñas. Si la niña era menor de trece años, era demasiado joven para testificar. Si tenía más de trece años, estaba en la edad de consentimiento, ¡y a todas las trataban como si hubieran consentido!

Catherine apeló a la reina. Tras varios años de tratar de sensibilizar al público, vio aprobada una ley que levantaba la edad de consentimiento a dieciocho años. La ley tipificaba como delito seducir a mujeres u obtenerlas para propósitos inmorales, daba a las autoridades derechos de investigación, y hacía a hombres y mujeres iguales bajo la ley porque era igualmente un delito prostituir a hombres como a mujeres. Cuando Catherine murió, cincuenta mil dolientes se presentaron para rendir homenaje a una mujer que había ayudado a una generación a creer en Dios para una vida mejor.

Una mujer de iniciativa sabe a dónde va y se emociona por llevar a otras consigo. Pasión sin detalles es solo emoción. La pasión sienta la base, pero la iniciativa pone los ladrillos, edifica los muros, y termina la casa donde la esperanza pueda vivir.

Un paso adelante

Dios ofrece en la Biblia muchas promesas de que si confiamos en Él, Él nos guiará y nos fortalecerá. Si hacemos lo conocido, Él nos llevará por lo desconocido.

"Fíate de Jehová de todo tu corazón, y no te apoyes en tu propia prudencia. Reconócelo en todos tus caminos, y él enderezará tus veredas" (Proverbios 3:5-6).

"Deléitate asimismo en Jehová, y él te concederá las peticiones de tu corazón. Encomienda a Jehová tu camino, y confía en él; y él hará. Exhibirá tu justicia como la luz, y tu derecho como el mediodía" (Salmos 37:4-6).

"Encomienda a Jehová tus obras, y tus pensamientos serán afirmados" (Proverbios 16:3).

Para ser una mujer influyente debes tener metas, las cuales no tienen que ser intimidantes. ¿Te aterras cada vez que subes un tramo de escaleras? ¡Por supuesto que no! Las metas son como una escalera. Uno a uno, los peldaños te llevarán de donde estás ahora a donde quieres estar.

Las metas son como una escalera.

Digamos que ahora mismo eres la madre de dos preescolares de tres y cuatro años de edad. Dentro de dos años ambos niños estarán en la escuela, al menos entre las 8:00 y las 12:00 h. Has completado dos años de universidad, y sueñas con graduarte y dirigir tu propio negocio. Oras con tu familia y determinas que una empresa hogareña proporcionaría los ingresos necesarios y finalmente te daría la flexibilidad para volver a estudiar y terminar tu educación.

Tienes un objetivo de largo plazo; pero para llegar allá debes alcanzar una serie de metas de corto plazo. A fin de identificarlas, haz una lista de lo que debes hacer para desarrollar tu empresa. No te preocupes todavía del orden cronológico. Por ejemplo:

- orar con la familia
- hablar con profesionales en el ámbito que te gustaría trabajar
- ir a una feria de negocios
- hacer relaciones con comerciantes profesionales jubilados
- ponerte en contacto con la Cámara de Comercio para informarte sobre leyes (muchas tienen nuevos paquetes comerciales)
- revisar, en la biblioteca, libros sobre negocios en casa
- revisar información y cartas en Internet sobre negocios en casa
- obtener información financiera
- hacer un plan de negocios

- asegurar financiamiento y suministros
- preparar el lugar de trabajo
- planificar la publicidad o las relaciones públicas

Haz ahora una escalera de objetivos de corto plazo. Arregla los pasos en el orden que creas que sucederán, con los pasos iniciales en la base. Por ejemplo, tal vez quieras investigar el campo laboral y hablar primero con profesionales, porque el mercado podría estar lento o un nuevo desarrollo podría estar en marcha. Después que hayas puesto cada peldaño en la escalera, coloca una fecha de destino junto al peldaño. Ahora tienes un plan ordenado para subir hacia tu meta. Tu escalera podría verse así:

Septiembre: Lanzamiento del negocio.

Agosto: Crear un plan comercial; asegurar capital y recursos.

Julio: Escoger opciones e investigar detalles.

Junio: Contactar a la Cámara de Comercio y profesionales jubilados; investigar pistas financieras.

Mayo: Asistir a ferias de negocios; hablar con otros en el ámbito de negocios de interés.

Abril: Orar con la familia; determinar presupuesto y necesidades económicas; interconectar con otras mujeres en los negocios; leer libros, boletines, revistas y periódicos.

TU PLAN

Emilie Barnes escribe: "Las metas solo son sueños con plazos de entrega". ¿Tienes en espera sueños por cumplirse? ¿Estás estudiando? ¿Eres recién casada? ¿Planificas casarte? ¿Estableces metas para tus hijos o tu matrimonio? ¿Te espera un cambio de trabajo o un reingreso futuro de carrera? ¿Miras hacia un nido vacío o una jubilación?

Identifica un sueño específico. Haz una lista de cosas que necesitas que ocurran a fin de lograr tu sueño. Toma la lista y enlaza las ideas en un diagrama en escalera como el siguiente:

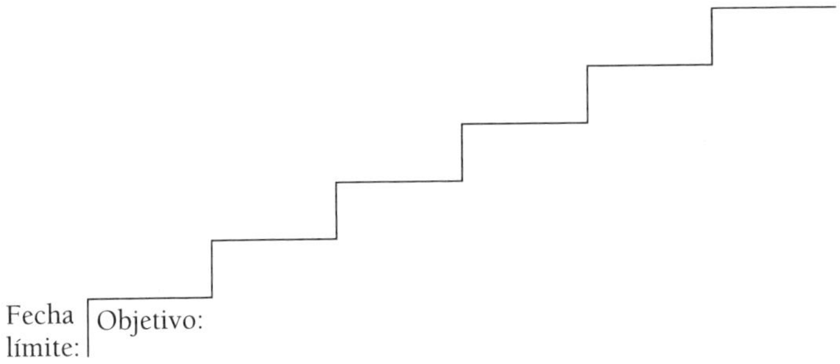

Ahora tienes un plan viable para lograr tu sueño. Desde luego que tal vez debas hacer ajustes en el camino. Algunos pasos pueden resultar innecesarios. Quizás debas crear otros peldaños que no anticipaste. Los pasos pueden darse en un orden distinto al que esperabas. Pero tienes un lugar para empezar y un objetivo final en mente.

"Las metas solo son sueños con plazos de entrega".

Mira hacia dentro

A fin de mantener una vida equilibrada, es útil establecer metas en cuatro esferas importantes: Vida espiritual, Equipo, Energía y Productividad. Desarrolla tu propio plan individual de esta manera:

Tu vida espiritual. En esta área querrás escribir metas para tu relación con Dios. Considera tu vida de oración, estudio bíblico, tiempo a solas, memorización bíblica, asistencia a la iglesia, ayuno, adoración colectiva, relaciones en grupos pequeños, etc. La clave para una vida espiritual plena es estar constantemente llena "del Espíritu" (Efesios 5:18). Cuando una mujer está llena del Espíritu Santo, está cediendo el gobierno de Dios en su vida.

Mi querida amiga Marjorie ha sufrido el abandono de su esposo, la muerte de su único hijo, la pérdida de una posición profesional poco antes de jubilarse, y una casa que se incendió casi por completo. Ella me asombra con su capacidad de recuperarse después de tan grave trauma. Poco después del incendio llevé a Marjorie a comprar algunas cosas necesarias. Me comentó: "Pam, la Biblia dice que al final todo arderá de todas maneras; mi incendio solo ocurrió un poco antes que el tuyo". Mientras nos abrazábamos y reíamos en el aire fresco de Navidad me di cuenta de que me hallaba en la presencia de una mujer cuya vida espiritual era vibrante.

Tu equipo. Este aspecto incluye metas que afectan a quienes están más cerca de ti: esposo, hijos, padres, amigos, la persona con quien sales, etc. Tú y otra persona pueden estar de acuerdo en el objetivo ("Mi esposo y yo tendremos una cita todos los jueves") o tú podrías fijar personalmente la meta ("Enviaré una tarjeta especial en cada uno de los almuerzos de mis hijos una vez por semana").

Limita tus objetivos de equipo a cosas sobre las que tienes cierto grado de control. Por ejemplo, quizás desees un matrimonio más feliz y creas que la ruta más rápida es cambiar a tu esposo. El problema es que no tienes control sobre tu esposo. Tienes la capacidad de cambiarte solo a ti misma, y debes confiar en que Dios obre en tu compañero.

Podrías tener el objetivo de hacerte amiga más cercana de alguien. Es un buen objetivo mientras te des cuenta de que no puedes controlar la participación de tu amiga en tu relación. Puedes dedicar tiempo para pasar con una amiga y decidir animarla, pero no puedes dictaminar su respuesta.

Es de suma importancia proteger tu pureza sexual, sea que estés soltera o casada. Una indiscreción puede acabar con años de influencia. Es voluntad de Dios que evitemos la inmoralidad sexual (1 Tesalonicenses 4:3). El sexo prematrimonial, la homosexualidad, y el adulterio no son opciones para una mujer influyente. Si eres soltera, define tus propios límites antes de empezar a salir con alguien, y ponlos en claro al principio de la relación. Confiar tus límites a una amiga o mentora te ayudará a permanecer fiel a tus convicciones. Si eres casada, anima a tu mentora y tus amigas cercanas a preguntarte acerca de tu vida interior, tu relación romántica, y tus sentimientos hacia tu esposo. En necesario proteger la exclusividad y la privacidad del matrimonio, pero debes rendir cuentas en este aspecto.

Este también es el lugar para identificar objetivos relacionados con tu maternidad, tu papel como hija o pariente política, o cualquier otra relación que te gustaría ver crecer. Incluso puedes incluir ideas para actividades, citas románticas, celebraciones de cumpleaños, o cualquier otra cosa que te ayudará a promover relaciones estrechas.

Tu energía. Este aspecto incluye asuntos que involucran tu bienestar personal, como salud física, desarrollo emocional, pasatiempos o necesidades sociales. Este aspecto también puede abarcar metas que van desde tu vestuario hasta consejería o asignaciones en grupos de apoyo... cualquier cosa que te ayude a estar bastante bien o a tener suficiente energía para lograr las metas que has fijado en los demás ámbitos de tu vida.

Tenemos que cuidarnos si vamos a mantener nuestra influencia en las vidas de otras personas. Daisy Hepburn aconseja a las mujeres: "Haz primero lo que solo *tú* puedes hacer". Sé que soy la única que puede ejercitarme por mí, o leer por mí. También soy la única madre que mis hijos tendrán. Solo yo puedo ser la esposa y amante de mi esposo. Todo lo demás tiene que seguir a estas realidades.

A veces lo mejor que puedes hacer para cuidarte es "no hacer nada". Algunos días en que el sol calienta y brilla y el océano me llama, lanzo la bolsa de playa al auto con algunos bocaditos y bebidas, recojo a los niños de la escuela, y me dirijo directo a la playa durante algunas horas mientras todos los demás están haciendo sus deberes. Los objetivos definidos para la energía personal te permiten ser espontánea y estar libre de culpa en cuanto a sacar tiempo para ti misma, porque sabes cuándo y dónde volver al camino.

Tu productividad. En este aspecto tus metas pueden incluir planes profesionales, educación y ministerio. Los planes ministeriales incluirán aspectos personales de influencia como discipulado o liderazgo en la iglesia, así como todos los planes de ministerio público, estar a cargo de un ministerio, o dirigir eventos especiales. Si estás en administración o tienes tu propio negocio, debes incluir tu plan comercial en este objetivo. Serás más productiva día a día cuando tengas un plan claro de acción.

En la universidad estuve en el equipo de salto de trampolín acuático y era estudiante líder en la Cruzada Estudiantil para Cristo. Durante mi primera temporada de saltos, las dos áreas nunca se opusieron. En realidad, zambullirme promovió mi ministerio. Para el final de la temporada había hablado de Cristo con todo el equipo de damas y con la mayor parte del equipo de varones. Hablar de Jesús me ayudó a vencer mi temor a las personas; volver a subir al trampolín e intentarlo de nuevo después de golpear *fuertemente* el agua, me ayudó a vencer el temor al fracaso.

Durante mi segunda temporada de zambullidas, casi la mitad de los encuentros pasaron de viernes a martes. Los martes era la formación del liderazgo de la Cruzada Estudiantil, la planificación ministerial, y las noches de estudio bíblico. El primer martes perdí el estudio bíblico. El segundo martes llegué tarde. Al ver que se aproximaba el siguiente martes, supe que debía elegir. Hablé con mi discipuladora; hablé con la mujer a quien yo había discipulado; hablé con una entrenadora cristiana; hablé con mis amigos y mis padres. No hubo consenso. El domingo, después de la iglesia, tomé mi Biblia y fui a hablar con Dios. El sermón había sido sobre 1 Juan, así que decidí comenzar allí. Me paré en seco en 1 Juan 2:15-17: "No améis al mundo, ni las cosas que están en el mundo. Si alguno ama al mundo, el amor del Padre no está en él. Porque todo lo que hay en el mundo, los deseos de la carne, los deseos de los ojos, y la vanagloria de la vida, no proviene del Padre, sino del mundo. Y el mundo pasa, y sus deseos; pero el que hace la voluntad de Dios permanece para siempre".

Dios me hizo reflexionar sobre por qué yo saltaba desde el trampolín. No era para estar en forma; tenía tres clases de educación física y era instructora de gimnasia. No era para compartir mi fe; ya había hablado con todos los que pude. Saltaba desde el trampolín para mí misma. Había llegado a disfrutar la gloria de ganar y el deleite de ser el centro del escenario. ¡También me gustaba el bronceado! Yo sabía que no era muy bueno conseguir una beca de saltos acuáticos para seguir mi educación. Esta actividad estaba interfiriendo con nuevos retos de ministerio que Dios estaba presentándome. Para mí, saltar del trampolín se había convertido ahora en una decisión equivocada.

Concerté entrevistas personales con todos mis entrenadores y expliqué mi decisión. Algunos lo tomaron bien; otros no. Hablé con los miembros de mi equipo, expliqué mi situación, y ofrecí mi apoyo continuo y mi amistad. En un tiempo muy corto me colocaron en posiciones de liderazgo en el ministerio donde aprendí las habilidades básicas que hoy día son vitales para mí.

Corrie ten Boom es una de mis ejemplos ministeriales. Ella formó parte de una familia cristiana dedicada que escondió judíos durante el Holocausto, y pasó años en un campo de concentración por su amor al pueblo judío. Su escrito ha tenido un efecto profundo en mí. Un día este sencillo párrafo captó mi atención: "Cuando una casa está incendiándose y sabes que hay personas dentro, es un pecado enderezar las fotos en esa casa. Cuando el mundo a tu alrededor está en gran peligro, las obras que en sí no son pecaminosas pueden volverse muy malas".

Al fijar metas para tu propia obra y ministerio, haz tuya esta oración: *Señor, ayúdame a clarificar mi propósito al ver el estado del mundo a través de tus ojos.*

Mirada hacia el futuro

Los objetivos son nuestro intento de aprovechar tanto las prioridades que Dios establece en su Palabra como las veinticuatro horas que nos da cada día, y hacer el mejor uso de ellas. ¡Los objetivos no son reglas! Son directrices para tus sueños. El propósito general de escribir metas es planificar lo suficiente para lograr lo mejor de lo que Dios ha planificado para nosotras, pero ser tan flexible como para cambiar de modo que consigamos lo mejor de lo que Dios tiene para nosotros. Aunque tengo objetivos, cada día está sujeto a Dios con las manos abiertas y la oración: "No mi voluntad sino la tuya".

Trata de imaginarte dentro de diez años. ¿Cuántos años tendrás? ¿Cuántos años tendrán tu esposo, tus hijos, o tus padres? Sus etapas de vida te afectarán. Si eres soltera, ¿qué sueños te gustaría ver cumplidos, incluso si no llegas a casarte? ¿Qué rasgos de carácter te gustaría desarrollar? ¿Qué sabiduría, conocimiento o formación te gustaría recibir? ¿Qué clase de persona te gustaría llegar a ser? Pesa el deseo de tu corazón delante del Señor, luego escribe algunas metas de largo plazo. Anota un signo $ al margen de todas las metas que cuesten dinero; en la parte inferior de tu hoja de objetivos totaliza el costo y apunta todas las metas económicas que debas añadir a fin de financiar tus demás objetivos.

He aquí un ejemplo de una meta de vida espiritual de largo plazo:

> Cuando tenga cuarenta y cinco años, quiero haber leído la Biblia cinco veces más.

Después de escribir tus metas de largo plazo, toma cada una y escribe pasos específicos que tendrás que dar en los próximos dos a cinco años para lograrlas. Escoge una fecha límite coherente para todas tus metas (cuando tenga veinte años, treinta, cuarenta, cincuenta, etc.). Ahora completa tu lista de objetivos de corto plazo y el impacto económico de cada uno. Por ejemplo:

> Cuando tenga cuarenta y cinco años, quiero haber leído la Biblia usando dos recursos: un estudio bíblico inductivo y una guía de estudios bíblicos.

Para algunas personas enero representa un nuevo comienzo. El verano es mi propio nuevo comienzo emocional. Para mi familia, el año escolar tiene tan gran impacto que antes de iniciar la escuela todos hacemos reevaluaciones. A finales de agosto escribo mis objetivos para el año siguiente.

Sea cual sea el momento del año que elijas para tu tiempo de reevaluación, pregúntate: ¿Me estoy saltando las metas que son más importantes para mí? ¿Hay algo que pueda delegar en alguien más, a fin de hacer las cosas mejor o más rápidamente? ¿Puedo eliminar una responsabilidad antes de asumir otra? Completa tu lista de objetivos, recordando apuntar las implicaciones económicas. ¡Sé específica! Por ejemplo:

> Este año, mientras trato de leer toda la Biblia en mis tiempos diarios devocionales, haré un estudio de líderes y principios de liderazgo. Memorizaré versículos para ayudar a fortalecerme como líder al ritmo de uno por semana.

Mantengo una copia de mis metas en mi oficina, así como una copia de los objetivos de "Aprendiz y Líder" de los niños para el año, y también una hoja con las prioridades máximas de Bill que me afectan. Utilizo *Outlook* en mi portátil y lo sincronizo con mi teléfono celular para organizarme. También puedes usar sistemas organizativos en papel. Simplemente trata de mantener tus prioridades frente a ti para que puedas seguir adelante con tus objetivos.

Es de ayuda fijar tiempos naturales de revisión cada pocos meses para analizar tu progreso. Por lo general uso mi aniversario de bodas, mi cumpleaños, un día de vacaciones de verano como tiempos naturales de reevaluación. Trato de hacer más prolongados los tiempos a solas con Dios, las conversaciones de corazón a corazón con Bill, y los tiempos individuales con mis hijos. Hago a lápiz un programa semanal promedio en este tiempo como ayuda visual que me muestre si estoy adquiriendo demasiados compromisos. Bill y yo comparamos programaciones y hacemos ajustes.

Cuando escribas tus objetivos, asegúrate también de programar tiempo para lograrlos. Tener un calendario general semanal convierte tus objetivos en una parte natural de tu vida. Por ejemplo, cuando nuestros hijos eran pequeños, la hora de acostarse estaba marcada en un bloque de una hora que incluía duchas, lectura y devocionales bíblicos, lectura familiar en voz alta de un clásico de la literatura, y tiempo para conversar con cada hijo acerca de su día. A fin de alcanzar los objetivos de devocionales y lecturas familiares, tuvimos que hacerlos parte regular de nuestro calendario.

Una vez a la semana, Bill y yo separamos una mañana para coordinar calendarios y revisar los objetivos importantes. Llego a esta reunión con una lista de preguntas y mi lista de cosas urgentes. Añadimos esto a una cita semanal de ejercicios físicos seguida por el desayuno. Esta es una adición a nuestra cita romántica semanal. ¡Protegemos nuestra "cita nocturna" porque hablar de negocios y solución de problemas de la vida puede sofocar el ambiente romántico! Así que tenemos dos citas semanales: una para divertirnos y otra para trabajar.

Una vez por semana tenemos una reunión familiar. Cada uno trae su calendario y su lista de prioridades para la semana. Tenemos un calendario familiar maestro con la agenda de cada persona con código de colores. (Puedes comprar calendarios con espacios más grandes para escribir, diseñados para manejar agendas de varias personas). Las principales responsabilidades de los chicos también están en mi *Outlook* porque un proyecto de una feria de ciencias o un ensayo podrían demandar mi tiempo si uno de los chicos necesita ayuda.

Cada noche anticipo el día siguiente y realizo mi lista de cosas por hacer. Luego Bill y yo tenemos una reunión de cinco minutos para actualizar, hacer cambios, e intercambiar nueva información. Cada mañana después de mis devocionales, repaso mi lista de cosas por hacer y reasigno, delego o deshecho cosas de mi lista.

Si usas una programación semanal, puedes escribir al inicio tu enfoque para cada día. Observa también las prioridades de tu esposo y tus hijos. En la parte inferior escribe lo fundamental para ti cada día. Si tu día se sale de control, ¿qué es lo único que debes lograr ese día, aunque no puedas hacer nada más? Por ejemplo, el jueves mi prioridad es encontrar algún tiempo romántico con Bill. El lunes es limpiar la casa (aunque solo sea la sala, la cocina y el baño) porque el domingo generalmente recibimos visitas. Cuando construimos la casa, Bill tenía básicamente dos trabajos de tiempo completo. El imperativo diario era un salvavidas porque este aseguraba que seguía sucediendo lo que era más importante para nuestro matrimonio y nuestros hijos, pasara lo que pasara.

Al final de este capítulo se incluye un ejercicio de presupuesto, porque las finanzas que se salen de control dificultarán seriamente tu capacidad de alcanzar tus objetivos.

Si aplicas con tenacidad estos pasos en tu jornada, iniciarás y lograrás tus objetivos. Te convertirás en una mujer de iniciativa que sabe hacer las cosas. Dios quiere que tengas una sensación de logro. Él sabe que eres una campeona, y te dice: "Así que vivamos bien para llevarnos el premio" (1 Corintios 9:24, TLA). Tú y Dios juntos pueden establecer un curso ganador.

SÉ UNA MUJER INFLUYENTE

Escribe tus metas de largo plazo, de corto plazo, y anuales. Marca con lápiz tu calendario semanal promedio. Tener objetivos te ayudará a conseguirlos. Hazte estas preguntas:

- Específicos: ¿Puedes medir tu progreso para que sepas cuándo alcanzaste tus objetivos?
- Tangibles: ¿Los has escrito y programado en tu vida diaria?
- Factibles solo por fe: ¿Se trata de algo enorme, por lo que necesitas el poder divino?
- Alcanzables: ¿Tienes una medida de control, o sea que puedes hacer algo al respecto?
- Participativos: ¿Has comentado tu plan a aquellos que se verán afectados o que se unirán para ayudarte a conseguirlo (cónyuge, hijos, padres, mentoras)?

Si Dios plantó el sueño, en última instancia plantará el plan para financiarlo. Debemos ser sabias administradoras del sueño y del plan de financiamiento. Mira cómo cuadrar tus finanzas y cuán bien reflejan tus objetivos. Para la siguiente hoja de trabajo mira los doce meses anteriores y encuentra la cantidad promedio mensual que has estado gastando en cada categoría.

HOJA DE TRABAJO DE PRESUPUESTO MENSUAL

Ingresos

Salarios:

Otros:

Total de ingresos:

Gastos

Diezmo:

Impuestos:

Vivienda (todos los gastos, incluso alquiler o hipoteca, seguro, mantenimiento, decoración, todos los servicios públicos):

Comestibles.

Automóvil (pagos de auto, gasolina, mantenimiento, seguro, impuestos y licencia):

Seguros (vida, salud y cualquier otro):

Deudas (todas ellas, excluyendo hipotecas y pagos mínimos mensuales):

Entretenimiento/Recreación (comer fuera, boletos, alquiler de videos, cualquier otra actividad, además un monto mensual de ahorros para vacaciones):

Gastos relacionados con el trabajo (cuidado infantil; todo gasto profesional):

Ropa (cantidad mensual por cada miembro de la familia):

Ahorros/Jubilación:

Gastos médicos (todos los copagos, cuentas médicas o dentales no cubiertas por seguro; costo mensual de prescripciones y otros medicamentos de venta libre):

Varios (cuidado personal: corte de cabello, cosméticos, lavandería; asignación mensual para cada miembro de la familia; gastos no reembolsables del ministerio; regalos, costos de educación; pasatiempo; franqueo; fotos; revistas, etc.):

Total de gastos:

Resta gastos de ingresos:

Si los ingresos exceden a los gastos, planifica cómo invertir o donar el excedente. Si los gastos exceden a los ingresos, planifica rápida acción para cortar gastos, aumentar ingresos o ambas cosas. Una mujer sabia me enseñó: "Si tus gastos exceden a tus ingresos, tu mantenimiento se convertirá en tu ruina". *A Woman's Guide to Family Finances* [Guía de la mujer en las finanzas familiares] de Ellie Kay te ayudará con muchas más decisiones económicas.

7

Íntegra

Vive de manera coherente en un mundo incoherente

Nunca es demasiado tarde para ser lo que podrías haber sido.

George Eliot

Las palabras salieron de la boca de Natalie. Su jefe quería que usara una práctica comercial que Natalie no creía ética, así que oró: *Dios, ayúdame. ¡Necesito una respuesta ahora! Quiero que toda mi vida te glorifique*. Entonces las palabras salieron de su corazón y entraron a la conversación: "¡No puedo hacer eso!".

El ambiente era tenso. Natalie sabía que debía mantenerse firme, pero le preocupaba ser sensible ante quienes la rodeaban. *¿Y si no entienden? ¿Estoy siendo demasiado dura? ¿Estoy diciendo esto de una manera que te glorifique, Señor?*

Natalie había vuelto a dedicar su vida a Cristo algunos años antes, y había crecido firmemente en su relación con Él. Debido a que estaba en la directiva de la empresa, sentía responsabilidad con las mujeres que trabajaban a su cargo, algunas de las cuales eran incrédulas o creyentes jóvenes.

"Mantuve mi postura y me negué a transigir —contó Natalie emocionada—, ¡y mis ventas aumentaron!". Algunos meses después sintió que tal vez Dios quería que ella recortara sus horas de trabajo por el bien de su familia y sus prioridades ministeriales. Decidió no trabajar los fines de semana, excepto durante algunas semanas de gran comercialización. ¡Sus ventas volvieron a aumentar! Entonces le pidieron que apoyara a una persona en un ministerio de consejería. El compromiso la ataría todos los miércoles por la noche durante varios meses. Los miércoles por la noche eran algunos de sus grandes momentos de ventas fabulosas. Sintió que Dios estaba reclutándola a la fuerza para que asumiera el ministerio. ¡Sus ventas volvieron a aumentar! A las pocas semanas era la vendedora principal en la empresa. Al reflexionar en el éxito, Natalie declara enfáticamente: "Yo sabía que Dios estaría allí por mí, mientras yo estuviera allí para Él".

Integridad es quién eres cuando nadie más que Dios está mirando.

La integridad es un compromiso de vivir coherentemente con lo que sabes que es verdadero en cuanto a la vida. Les he enseñado a mis hijos: "Integridad es quién eres cuando nadie más que Dios está mirando". Una mujer influyente teje integridad en su vida por anticipado para que, al ser presionada a tomar una decisión, decida al instante hacer lo correcto.

La integridad abre puertas para influir porque las personas aprenden a confiar en ti.

En ocasiones la integridad cuesta

"Sandra, ya no puedes solventarles las necesidades económicas a esas personas de tu iglesia. Está prohibido dar cualquier consejo financiero fuera de los muros de esta institución. Es un conflicto de intereses. Toma tu decisión: tu trabajo o tu voluntariado".

Sandra había pasado una enorme crisis financiera a causa de un divorcio. Ella era sensible a mujeres que necesitaban asesoría económica. En su mayoría, esas personas eran viudas con ingresos fijos y no podían pagar consejo financiero o estaban abrumadas por la nueva responsabilidad de manejar su dinero. El pastor de Sandra le pidió que ayudara a algunas de ellas. Además, Sandra daba ayuda voluntaria a otras mujeres.

Varias veces Sandra trató de explicar a su jefe que no había cruzado los límites legales y que se sentía éticamente obligada a ayudar a esas personas menos afortunadas. Después de lidiar con la decisión durante muchos meses, renunció a la compañía. Su corazón no estaba en el dinero sino en los demás. Consiguió varios puestos de medio tiempo mientras oraba porque Dios le proveyera un cargo de tiempo completo donde pudiera utilizar sus talentos y ayudar a la gente.

Entonces Sandra fue abordada por una empresa que se especializaba en las necesidades de los ancianos. Requerían de alguien con las habilidades de ella y que fuera sensible a la generación mayor. La abordaron debido a la reputación que tenía en ayudar a ancianas y porque tenía la reputación de mujer íntegra.

SANTA PARA ÉL

La palabra *santo* puede traer la imagen de hábitos de monjas y de una vida enclaustrada lejos del mundo real. Pero la santidad no solo es para aquellas personas dentro de los muros de una comunidad protegida. La santidad es para todo hijo de Dios.

La santidad es para todo hijo de Dios.

Digamos que vienes a mi casa a cenar y te ofrezco algo de beber. Pongo delante de ti dos copas de cristal, ambas maravillosamente grabadas, que contienen la misma agua. Sin embargo, en una copa flotan impurezas: una mosca muerta, algo de suciedad y trozos de comida sobrante. El agua en la otra copa es brillantemente limpia. ¿Qué copa elegirías? La brillantemente limpia, ¡espero!

Lo mismo ocurre con Dios. Cuando Él mira alrededor a quién usar para la honorable tarea de representarlo, desea un contenedor puro. Si nos negamos a tratar con nuestros pecados, si específicamente desobedecemos la voluntad de Dios, somos como el vaso impuro. Muy a menudo oramos: *Dios, úsame*, pero no queremos pasar por el proceso de limpieza a fin de volvernos utilizables.

¿Cómo puedo manejar la tentación?

Durante la escuela tuve la oportunidad de visitar la morgue de la ciudad. Íbamos detrás de nuestra guía forense. Al entrar en el depósito de cadáveres, quedé aturdida. Los cuerpos yacían sobre camillas por el salón, con etiquetas en los dedos de los pies, cubiertos por sábanas blancas. Todo estaba en silencio hasta que una joven exclamó: "¡Creo que debo irme!", y salió corriendo del salón. Ninguno de los cadáveres la oyó.

Pienso en esos cadáveres cuando, en Romanos 6:11, leo que estamos muertos al pecado. Los muertos no responden. No importa si hablo quedamente o si grito; no oyen. Si los empujo, no se mueven. Así es como debo reaccionar al pecado. La tentación entra en mi vida y me empuja; no responderé. La tentación puede incluso tratar de debatir conmigo o de gritar para llamar mi atención. No respondo... ¡estoy muerta al pecado!

Pero ¿y los tiempos en que no has resistido la tentación? Podrías sentir que has cometido demasiadas equivocaciones como para dar ejemplo a otras personas. Podrías creer: *Es demasiado tarde para cambiar las cosas*. Si eso fuera cierto, nadie, incluso yo, escribiría un libro cristiano. Pero Dios puede vencer cualquier obstáculo cuando tenemos un corazón dispuesto.

Wilma Rudolph, una corredora de renombre mundial, casi ni llega a la pista. Nació en una pobre y negra familia del Sur, la número veinte entre veintidós hijos. A sus cuatro años de edad le diagnosticaron polio. Los médicos le dijeron a la madre creyente en la Biblia que Wilma tal vez nunca caminaría de nuevo. ¡Pero la señora Rudolph no creyó que esa fuera la voluntad de Dios para su pequeñita! Nunca renunció a la esperanza, y trabajó incansablemente para ayudar a Wilma no solo a caminar sino a correr.

Wilma se aferró a la fe de su madre. Durante más de seis años tuvo que usar un incómodo aparato ortopédico, hasta que la mañana de un domingo en la iglesia se lo quitó y recorrió el pasillo sin ayuda. Siguió corriendo hasta convertirse en una excelente atleta. A los dieciséis consiguió un lugar en el equipo olímpico. A pesar de que no estuvo a la altura de sus propias expectativas y ganó solo una medalla de bronce en el relevo femenino de cuatrocientos metros, su entrenador aún tenía grandes esperanzas para ella en el futuro.

Al año siguiente, Wilma empezó a salir con un joven. Durante la rutina física descubrió que estaba embarazada. Quedó espantada. Había sido demasiado reservada para preguntar acerca de la sexualidad, y su madre había sido demasiado reservada para hablarle al respecto. Este dilema fue difícil para Wilma. Había abrazado el cristianismo y sentía que había desilusionado no solo a Dios sino también a sus padres que la apoyaban. Su entrenador personal en el estado de Tennessee hizo a un lado una regla personal respecto a no permitir que madres entrenaran en su equipo. Wilma dijo: "Las personas que yo amaba estaban a mi lado. Eso simplemente quitó una gran presión sobre mí, así como dolor y culpa sobre mis hombros". Ella renunció a la vida social para poder cuidar de su bebé. Se disciplinó para equilibrar su marcha, sus estudios y la crianza de su hijo.

Wilma consiguió un lugar en el equipo olímpico de 1960 en pista y campo, y entró a los libros de historia como la primera mujer en ganar tres medallas de oro. Su persistencia tuvo un efecto dominó. Su desfile de bienvenida a casa fue el primer acontecimiento racialmente integrado en la historia de su ciudad natal. Ella abrió puertas antes cerradas para otras mujeres atletas. Y, más tarde, viajó con el equipo de Billy Graham.

Si caes, no digas: "Ah, ni modos" ni uses aquello como una excusa para seguir pecando. Reconoce ante Dios que cometiste un pecado, y sigue adelante con el nuevo plan de obediencia al Señor. Una equivocación no significa que nunca te enderezarás. Cuando los niños aprenden a caminar, caen pero siguen caminando. Ningún bebé dice: "Ni modos, caí, así que me quedaré sentado aquí durante el resto de mi vida. Esta debe ser la voluntad de Dios". El éxito radica simplemente en levantarse una vez más después de una caída.

¿Cuál es la norma?

Cuando mi esposo y yo construimos nuestra casa, yo ayudaba con la plomada. Sostenía la parte alta de la cuerda y bajaba el peso para ver si la pared estaba a escuadra. Bill se aseguraba meticulosamente que lo hiciéramos bien. Una noche me hallaba cansada y aburrida, y se lo dije. Bill me recordó que, si hacíamos mal este paso, toda la casa sería inestable y ninguna cantidad de pintura o decoración compensaría esta debilidad estructural.

La Palabra de Dios es la plomada para nuestras vidas. Si nos medimos por las normas de quienes nos rodean, seremos solo tan buenos como la compañía que tengamos. ¡Dios ha planeado algo mucho mejor para nosotras! Nuestras actitudes, apariencias y acciones deberían basarse en lo mejor de Dios para nuestras vidas. Debemos hacer bien nuestro trabajo profesional, ministerial y voluntario porque lo realizamos para Dios. Nuestra paternidad y nuestras amistades se fortalecerán en la medida que tratemos a los demás como Dios los trataría.

La integridad es un viaje

A veces queremos caminar con Cristo y ser lo mejor para Él, pero nos mortifican hábitos antiguos. ¿Cómo podemos deshacernos del viejo yo y vestirnos del nuevo? ¿Cómo podemos sentirnos cómodas con un estilo santo de vida? He aquí tres pasos que he encontrado útiles.

Escoge tu enfoque. Después que nació mi tercer hijo debí volver a casa, a un apartamento en el centro de una zona de explosivos. Junto a nosotros estaban urbanizando, y los obreros hacían explotar toda la montaña para lograrlo. Era mediados de agosto, húmedo y cálido, así que teníamos todas las ventanas abiertas. El ruido era horriblemente fuerte. Mi madre y yo ni siquiera podíamos conversar. Para tener un poco de paz debíamos cerrar todas las ventanas.

Un caos similar puede amenazar nuestras vidas espirituales. Estamos bombardeadas por mentiras de los medios de comunicación, la sociedad, y nuestra propia naturaleza pecadora. Mentiras respecto a nosotras mismas, a otras personas y a Dios. Satanás anda como un león rugiente con el propósito de devorarnos vivas (1 Pedro 5:8), pero podemos cerrar las ventanas al ruido. La Biblia nos dice que llevemos cautivos los pensamientos rebeldes (2 Corintios 10:5). Cuando llenas tu mente con la verdad, bloqueas las mentiras.

A menudo, cuando llegamos ante Jesús y tratamos de romper malos hábitos, nos enfocamos solo en lo viejo. Nos decimos: *No fumes. Mira ese cigarrillo... no lo fumes*. Pronto estamos tan consumidas con *no* hacer algo que "esto" es en lo único en lo que pensamos. Puesto que "esto" llena nuestros pensamientos, ¡terminamos haciendo exactamente lo que no queremos hacer!

En vez de concentrarte en lo que *no* vas a hacer, decide lo que *vas a hacer*. Si no quieres comer en exceso, elige una actividad para reemplazar la comida en los momentos en que por lo general cedes a la tentación. Si no quieres beber, no vayas al bar; ve a Alcohólicos Anónimos o a casa de una amiga. Si no quieres gastar dinero, no vayas al centro comercial; vete a caminar. Si no quieres que algo te domine, ¡consigue un plan! A menudo los pecados externos son un síntoma de un problema interno. Tú quieres un plan para abordar tanto la herida interna como la conducta externa. Si tienes preparado un plan de escape por anticipado, podrás hacer frente a la presión.

Cambia tu "certificado de propiedad". Cuando compras un auto usado, te dan un certificado que prueba tu propiedad sobre el vehículo. Cuando Jesús vino a tu vida, le entregaste el certificado de propiedad de tu corazón. Él es el nuevo propietario. Decide leer el manual del propietario y dirigir tu vida de acuerdo a lo que te dice.

Aprender a seguir a Cristo es más fácil con ayuda. Alguien confiable, un consejero o un pastor pueden ser instrumentos de Dios para ayudarte a triunfar en tu decisión de escuchar la voz del Señor. Alguien que comprende los principios de la guerra espiritual puede enseñarte cómo responder a Dios.

Persevera en lo fundamental. Comprométete a amar el cuerpo de creyentes. Después de dar el primer gran paso en llevar una vida saludable y basarte en lo fundamental, podrías estar tentada a escapar a un grupo diferente de creyentes que no te conozcan tan bien. Rendir cuentas puede lastimar. Una mujer sabia e influyente recibirá con agrado los aportes de personas piadosas. Pregunta a quienes respetas: "¿Hay algo en mi vida que me impida ser todo lo que Dios ha diseñado que yo sea?". Si Dios te llama a ser quien conteste esa pregunta por alguien más, ¡debes saber que a veces los demás no quieren oír la verdad! Podemos perder una relación, tal vez por poco tiempo, tal vez para siempre. Sin embargo, más a menudo la otra persona nos escuchará (oirá la Palabra de Dios y sentirá el amor de Dios a través de nosotras) y ganaremos una amiga y su agradecimiento.

Cuando no desean tu influencia

Sarah se me acercó aterrada. Era soltera y acababa de averiguar que estaba embarazada. Había estado en uno de nuestros equipos de liderazgo de jóvenes, pero tenía una debilidad con los hombres. Ahora las consecuencias de caer con un idiota le habían sumido la vida en el caos. ¿La discipularía y ayudaría a salir de este lío? Sugerí que Sarah debía hablar con su familia acerca del embarazo. Poco después, cuando sufrió un aborto espontáneo, estuve con ella. En los meses siguientes, creció y empezó a tomar decisiones correctas de estilo de vida. Entonces de repente comenzó a incumplir citas y a no concluir sus tareas. Descubrí que estaba viviendo con otro hombre en una relación sexual, la misma situación por la que había pedido ayuda.

Se me hizo un nudo en el estómago, pero supe que debía confrontarla. Hablé con Sarah de todo corazón. Ella vio que lo que hacía estaba mal, pero no quería renunciar. Afirmó que aún deseaba reunirse conmigo y hacer estudios bíblicos, y que le seguía interesando ser líder algún día. Debí explicarle que me encantaría ayudarla a crecer, pero que no podía hacerlo si se negaba a escuchar el consejo que yo sabía que era verdadero. Si íbamos a seguir reuniéndonos, ella tendría que dejar de tener relaciones sexuales con su novio no cristiano. Sarah contestó que prefería tener a su novio que a Jesús, y se alejó. Clamé por ella. Yo había tratado de amarla y apoyarla. Hice de mi objetivo ser compasiva, no crítica. Ella había pedido mi influencia, y ahora no la deseaba. Mi oración se convirtió en algo así: *Dios, Sarah puede alejarse de mí, pero no permitas que se aleje de ti.*

Inmensa compasión

Hace años comencé a orar por la cobertura divina de gracia y misericordia sobre mi vida. Gracia es cuando Dios nos da lo que no merecemos (salvación). Misericordia es cuando no nos da lo que merecemos (castigo por el pecado). La misericordia y la gracia no cambian el carácter de Dios. Al contrario, conocer su gracia y su misericordia me convence por completo del amor divino. A medida que medito en la gracia y la misericordia de Dios, y en lo que su gran sacrificio logró para mí en la cruz, quedo abrumada por su amor. La obediencia a la Palabra de Dios se vuelve una opción natural basada en mi relación de amor con Él. Entonces me motivo a orar: *Dios, no solo perdóname mi pecado; impídeme pecar.*

Dios, no solo perdóname mi pecado; impídeme pecar.

De acuerdo con Jesús

"¿O ignoráis que vuestro cuerpo es templo del Espíritu Santo, el cual está en vosotros, el cual tenéis de Dios, y que no sois vuestros? Porque habéis sido comprados por precio; glorificad, pues, a Dios en vuestro cuerpo" (1 Corintios 6:19-20). Cuando tengo en mente que el Espíritu Santo mora en mí, a menudo me siento obligada a hablar. He hablado a dueños de supermercados de barrio acerca de sus estantes de pornografía. He mencionado a dueños de tiendas de video por qué no compro en sus establecimientos. Se me ha conocido por llevar mi auto a otra parte en lugar de hacer que sea puesta a punto en un taller con un calendario de *Playboy* en la pared. De la misma forma, si alguien actúa conmigo en un modo que honre al Espíritu Santo que habita en mí, afirmo a esa persona. Cuando un empleado es particularmente útil, escribo una nota a la oficina principal. Le explico al dueño de un negocio por qué soy cliente regular. Abandono mi jerga cristiana, pero de algún modo me refiero a Dios, o firmo la carta con "Dios le bendiga" o con un versículo bíblico.

En ocasiones no hablo; solo reacciono. Cuando mi hijo Zack era pequeño, estábamos almorzando en McDonald's cuando un tipo gigantesco y sus compañeros se sentaron en la mesa detrás de nosotros. Al instante comenzaron a hablar en voz alta, y el ambiente se ensombreció con obscenidades. Zach se inclinó y manifestó: "Mamá, ¿podemos cambiar de lugar? A Jesús dentro de mí no le gustan esas palabras". Puesto que Jesús dentro de mí estuvo de acuerdo, cambiamos de puesto.

También debo estar de acuerdo con Jesús cuando me muestra que mis palabras o acciones son incorrectas. Un día me hallaba en la casa de una nueva amiga. Al hablar de la vida y el ministerio, nuestra conversación giró sobre la vida de alguien en quien no teníamos influencia. Mientras caminaba a casa, el Espíritu Santo me convenció de mi pecado de chisme. Traté de racionalizarlo. *Dios, soy una líder. No puedo pedir perdón a mi nueva amiga por algo tan mezquino. Ella podría perderme el respeto. Dios, ¿qué tal que me disculpe y ella sienta que estoy juzgándola? Tal vez ya no quiera ser mi amiga, y yo realmente deseo que sea mi amiga. De veras, Señor, no fue para tanto... solo expresamos nuestras convicciones.* Sin embargo, mientras caminaba comprendí que tenía que llamarla tan pronto como llegara a casa y dejarle los resultados a Dios.

—Jenna, solo llamaba para decirte que siento lo que dije acerca de Margaret. No me correspondía decirlo, y siento haberte arrastrado a la conversación.

—Pam, me alegra que llamaras. Estaba sintiendo lo mismo, y me hallaba aquí parada tratando de decidir si debía llamarte.

Nuestra amistad fue cimentada ese día porque estuve de acuerdo con Jesús.

El pecado del orgullo

Uno de los pecados más feos que he tenido que enfrentar fue mi propio orgullo. Doquiera que giraba, Dios señalaba mi orgullo. Todas las ilustraciones que oía en sermones, todos los temas en una conferencia a la que asistía, todas las conversaciones con otras mujeres influyentes giraban alrededor del orgullo.

Me sorprendí preguntándome cómo podía ser culpable de orgullo, ya que muy a menudo lidiaba con un problema de confianza en mí misma. Entonces Dios señaló que una autoestima demasiado susceptible es orgullo de dentro hacia afuera. Cuando batallo con baja autoestima, estoy enfocándome en mí. Estoy concentrándome en buscar aprobación y ánimo. Mis ojos están puestos en mis necesidades, mientras que Dios quiere que mis ojos estén puestos en Él.

Durante ese tiempo, Dios trajo a mi mente todas las palabras horribles que yo nunca había expresado pero que había pensado. *¿Por qué ella es tan rica cuando yo tengo tanto talento? ¿Por qué está enseñando cuando sé tanto como ella? ¿Por qué Dios está bendiciendo ese ministerio con grandes cantidades y no el nuestro?* En mis quejas estaba diciéndole a Dios que su plan era malo y el mío, correcto. El orgullo me hizo jugar a ser Dios en mi propia vida. Mi corazón estaba destrozado por mi pecado. Fui a un lugar privado con Dios; caí de rodillas y lloré. Enumeré todo lo bueno, todo elogio que pude recordar, y le agradecí a Dios por lo que había logrado a través de mí, o más bien a pesar de mí.

La gracia de Dios sacó mi orgullo a la superficie para que fuera eliminado.

Cuando los orfebres crean oro puro, lo calientan al fuego, y la escoria y las impurezas salen a la superficie. Los orfebres eliminan las impurezas hasta que logran ver su propio reflejo en el oro. La gracia de Dios sacó mi orgullo a la superficie para que fuera eliminado. Quise que las impurezas salieran de mi vida hasta que las personas pudieran ver a Dios en mí.

Después quise mantener mi confesión entre Dios y yo, pero Él volvió a atizar el fuego. Sentí que Dios quería que yo confesara abiertamente mi pecado oculto de orgullo. Temí las críticas que mi confesión me traerían. Después de todo, yo era líder. Debí haber tratado con mi orgullo mucho tiempo antes. Dios me mostró cuándo quería que confesara y a quién.

Me hallaba discipulando un pequeño grupo de mujeres, y les hablé de mi confesión y mi restauración. Más tarde, un domingo por la noche, me paré frente a nuestra congregación durante un tiempo de intercambio y conté lo más destacado de lo que había aprendido de Dios. Entonces supe que era libre, porque no me importó si las personas pensaban menos de mí; Dios me había aceptado por su gracia.

Mi pizarra estaba limpia. Escuché algunas críticas de fuentes oficiosas, pero principalmente sentí alivio personal por haberme descargado. Además, hubo otro beneficio: una nueva transparencia desarrollada en aquellas mujeres que estaban siguiendo mi liderazgo. Puesto que fui suficientemente sincera para poner al descubierto la fealdad de mi pecado, otras se sintieron libres para pedir ayuda en aspectos ocultos con lo que habían batallado por años.

A veces decido refrenar mi libertad por el bien de la otra persona.

Aprovecha tu libertad

Una mujer policía del departamento de bombas usaba una blusa que la identificaba como "técnica en dispositivos peligrosos". La parte de atrás de su blusa decía: "Si me ves corriendo, ¡sígueme!". Ese debía ser nuestro lema. Las personas deberían vernos huyendo del pecado y corriendo hacia la justicia, y deberían sentirse obligadas a seguirnos. Pablo aconsejó a los corintios que lo imitaran como él imitaba a Cristo (1 Corintios 11:1). La gente debe ser capaz de seguir nuestros pasos mientras tratamos de caminar en los pasos de Jesús.

Mi madre solía decir: "En caso de duda, no". La Biblia lo pone de este modo: "Todas las cosas me son lícitas, mas no todas convienen" (1 Corintios 6:12). Que sea libre para hacer algo no significa que esté obligada a hacerlo. *A veces decido refrenar mi libertad por el bien de la otra persona.*

Cuando yo estaba en la universidad, las discotecas causaban sensación. Me encantaba bailar, para lo que yo era buena. Pero una noche cambió todo. Fui a un club no alcohólico de adolescentes donde participé en todos los bailes. Mi plan era que durante el descanso y los bailes lentos le contaría mi testimonio al hombre con quien bailaba. Entonces un joven susurró algunas cosas obscenas que deseaba hacer conmigo después que termináramos de bailar.

Quedé aterrada. Me sentí confundida, culpable, sucia y enojada. Mi corazón era puro, ¡pero mi cuerpo había dado un mensaje totalmente distinto! Sentí que en realidad había defraudado a Jesús y que tenía tatuadas en la frente las palabras *bromista* y *falsa*. Quise gritar: "¿Es que no entiendes? ¡Amo de veras a Jesús! ¡No deseo ser seductora! Quiero que conozcas a Jesús, pero no puedes, ¡estoy interponiéndome en tu camino!". Esa fue mi última noche en la discoteca. Si esa clase de baile causaba tal confusión, yo renunciaría a ese estilo. Renunciaría a cualquier cosa que obstaculizara que otros llegaran a Cristo. La vida espiritual de otras personas se volvió más importante que mis derechos.

La vida espiritual de otras personas se volvió más importante que mis derechos.

Como expresara el apóstol Pablo, "a todos me he hecho de todo, para que de todos modos salve a algunos" (1 Corintios 9:22). Al mismo tiempo debemos ser cuidadosos en "que esta libertad [nuestra] no venga a ser tropezadero para los débiles" (1 Corintios 8:9). Si nos alejamos demasiado en una dirección, podemos volvernos legalistas y poner obstáculos para individuos que están buscando a Jesús. Si nos alejamos demasiado en la otra dirección, tal vez no vivamos de modo muy distinto a quienes están separados de Cristo, y tal vez ellos nunca vean a Jesús en nosotros.

Abraza la integridad

Uno de mis ejemplos favoritos recientes de una mujer de integridad es Condoleezza Rice, Secretaria de Estado bajo el presidente George W. Bush. Ella es una mujer influyente porque su medida es la excelencia en lugar de la mediocridad. "Condi", hija de un pastor, se crio en Birmingham, Alabama, durante el auge del movimiento de los derechos civiles. Ella afirma: "Mis padres me habían convencido absolutamente de que... tal vez no puedas tener una hamburguesa en Woolworth's, ¡pero puedes ser presidente de los Estados Unidos!". Sus padres le enseñaron que tenía que ser el doble de buena para estar en un plano de igualdad, y el triple de buena para superar las expectativas. Esta voz interior le ayudó a Condi a hacer añicos casi todo techo de cristal puesto delante de ella. Sus padres venían de una larga línea de educadores. A las habilidades naturales de Condi, sus progenitores añadieron una ética laboral y una autodisciplina tan fuertes que se saltó tanto el primer grado como el séptimo. Entró a la Universidad de Denver antes de los dieciséis años.

Al principio, Condoleezza Rice estudió para ser concertista de piano. Cuando se dio cuenta de que no tenía el talento para tocar entre la élite en las salas de conciertos, enfocó su energía en los estudios rusos, graduándose con honores a los diecinueve años. Su pasión por Rusia y la política extranjera la llevó a los salones de la Universidad de Stanford como profesora, y luego como la más joven, la primera no blanca, y la primera rectora de Stanford. En una cena, Condi impresionó a Brent Scowcroft, más tarde asesor de seguridad nacional, quien contribuyó decisivamente en persuadir a Condi que abandonara su carrera como docente para servir en la Casa Blanca. Condi obtuvo el título de Asesora de Seguridad Nacional y luego de Secretaria de Estado.

Condoleezza Rice cree que su fe en Dios es la fuerza impulsora detrás de su fortaleza de carácter. Afirma: "Cuando algo me preocupa, ideo un plan de acción, y luego se lo entrego a Dios. Simplemente pido que pueda ser llevado a cabo. Dios nunca me ha fallado todavía". Muchas personas creen que Condi tiene el currículo y la integridad para el papel de primera mujer y primera afroamericana presidente o vicepresidente de los Estados Unidos. Solo el tiempo dirá cuán lejos elevará Dios a una mujer que se ha dedicado a un estilo de vida de servir con excelencia.

Solo el tiempo dirá cuán lejos elevará Dios a una mujer que se ha dedicado a un estilo de vida de servir con excelencia.

Sé una mujer influyente

¿En qué aspectos de tu vida está llevándote Dios a arrepentirte o hacer correcciones? ¿En qué ámbitos deseas elevar tu nivel de excelencia? Reúnete con una amiga, mentora o consejera confiable y pídele ánimo para tu viaje.

¿Cómo puedes pasar del pecado a la restauración? Dios quiere que pases de un lugar de quebranto a un lugar mejor.

- *Reconoce tu pecado*. Sea que lo llames errores, fracasos, imperfecciones, malas actitudes, o cualquier otra cosa, reconócelo ante Dios. "El que encubre sus pecados no prosperará; mas el que los confiesa y se aparta alcanzará misericordia" (Proverbios 28:13).
- *Acepta la misericordia divina*. El Señor "respondió: Yo haré pasar todo mi bien delante de tu rostro... y tendré misericordia del que tendré misericordia, y seré clemente para con el que seré clemente" (Éxodo 33:19). Dios anhela extenderte su gracia y su misericordia, y las sostiene como un regalo; simplemente extiéndete y toma lo que Él te ofrece.
- *Corrige tus equivocaciones*. Si has lastimado a alguien, pide perdón. Si puedes corregir el mal, ofrécete a hacerlo. Jesús indicó: "Si traes tu ofrenda al altar, y allí te acuerdas de que tu hermano tiene algo contra ti, deja allí tu ofrenda delante del altar, y anda, reconcíliate primero con tu hermano, y entonces ven y presenta tu ofrenda" (Mateo 5:23-24). Si tienes un mal hábito o una mala actitud, reemplázalos con una decisión mejor o una actitud mejor. Memoriza versículos para renovar tu mente a fin de pensar de ti misma como Dios piensa.
- *Busca activamente rendir cuentas*. Pide a una amiga o mentora que te ayude a aprender nuevas maneras de superar patrones erróneos de pensar y actuar.

8

Vehemente

Perdura a largo plazo

Una mujer es como una bolsa de té: solo en agua caliente se da cuenta de lo fuerte que es.

Nancy Reagan

Fue un final muy reñido. Gail Devers y las demás competidoras caminaban y esperaban en la carrera de cien metros. El tablero de reproducción instantánea en el estadio olímpico mostraba las imágenes de las cuatro corredoras. Aún no se sabía quién era la ganadora.

Caminar y esperar eran actividades que Gail no daba por sentadas. Poco más de un año antes de esta carrera había estado esperando oír si alguna vez volvería a caminar.

En 1988, Gail estableció un récord estadounidense en los cien metros con vallas. Entonces una enfermedad misteriosa comenzó a hacer estragos en su cuerpo. El cabello se le caía a mechones. El mundo le pasó de nublado a negro cuando perdió la mayor parte de la vista. El cuerpo se le redujo mientras perdía más de dieciocho kilos. Perdió grandes cantidades de sangre. Ella explica: "Los pies se me hincharon y supuraban un líquido amarillo, y se me llenaron de pequeños agujeros". Incapaz de luchar, su esposo la abandonó. Debido a que los pies ya no le sostenían el peso, sus padres decidieron vivir con ella para cuidarla. Era humillante aceptar ayuda hasta para las necesidades más básicas como ser cargada para ir al baño.

En marzo de 1991, Gail visitó a un nuevo médico que reconoció los síntomas como una reacción a los tratamientos de radiación para la enfermedad de Graves. Debido a que Gail creía que Dios le permitiría correr en los Juegos Olímpicos, debió declinar el tratamiento tradicional para esta condición, un bloqueador beta que estaba en la lista de drogas olímpicas prohibidas. El personal médico revisó el tratamiento y, un mes después, ella caminó, en medias, una vuelta alrededor de la pista de UCLA, su primer entrenamiento en dos años.

"Me sentí acabada en la pista, como que no había manera en que pudiera regresar. Estaba asustada. Solo esperaba que Dios me salvara los pies para poder volver a caminar". Pero Gail oraba. Su padre pastor oraba. Su madre y todos sus amigos oraban. Su entrenador, Bob Kersee, oraba y creía que Gail regresaría.

Gail empezó a caminar, luego a trotar, y después a correr. Un paso a la vez, literalmente, regresó. Después de cada entrenamiento tenía que cortar las medias y ver cómo la piel se le separaba por el algodón. A medida que el entrenador le curaba los pies se mantenía diciéndole que continuara, que siguiera creyendo, que siguiera mirando hacia arriba.

Como los Juegos Olímpicos se aproximaban, Gail debía mantenerse alejada de la medicina que le había ayudado en su enfermedad de Graves. Debió superar el dolor y la agonía, y evitar toda controversia sobre las drogas. El día de la carrera olímpica, los pies de Gail estaban destrozados y no podía sentir la presión del pie derecho en el punto de partida. Pero cuando la pistola del juez de salida disparó, ella instintivamente se puso en acción.

Finalmente, los jueces hicieron el anuncio. ¡Gail había ganado la carrera de cien metros! Bob Kersee abrazó a su valiente competidora, la miró a los ojos y le dijo: "Lo quisiste. Lo obtuviste". Más tarde, Gail declaró a la prensa: "Úsame como un ejemplo. Cuando el mundo se les viene encima, cuando no sepan a dónde recurrir, diles que yo estuve allí, pero seguí adelante. Así que también otros podrán lograrlo".

Tú también puedes… un paso a la vez.

Obstáculos desde el inicio

En un centro cristiano de conferencias, durante el tiempo libre de la tarde, propuse una idea a un grupo de damas. "Miren esa montaña. ¿Ven la cruz? Sé cómo llegar a lo alto. ¿Quiere alguien emprender una aventura? Podríamos subir hasta allí… solo tardaremos una hora o dos en subir y regresar". Cuatro valientes mujeres dieron un paso adelante.

Hice avanzar confiadamente a nuestra pequeña tropa por la calle hasta el sendero, o lo que creí que era el inicio del camino. Subimos por un rastro de maleza solo para llegar a un punto sin salida. Así que retrocedimos.

—Sé que el sendero está marcado con cinta de topógrafo —le aseguré a mi grupo—. Ya he estado aquí antes.

Traté de infundir confianza en mí misma y en este grupo de mujeres. De nuevo llegamos a un punto sin salida.

—¿Qué tal por este camino? —sugirió una de las damas.

—¡Síguelo! —exclamé—. Y mientras lo haces, yo treparé hasta lo alto de esta roca y veré si puedo tener una mejor perspectiva desde allá arriba.

Este proceso continuó por más de una hora en que todas dimos sugerencias, nos turnamos para dirigir, encontramos puntos sin salida, y volvíamos a intentar. Me pregunté si mis compañeras estaban comenzando a creer que todo era una pérdida de tiempo. Sin duda todas sopesamos la opción de olvidarnos totalmente de la idea e ir a la tienda a comprar chocolate, pero, después de cada intento, hacíamos una nueva resolución. Ninguna de nosotras quería desistir.

Finalmente, todas estuvimos de acuerdo en un último curso de acción… y, por supuesto, que al final de ese sendero había un trozo de descolorida cinta roja de topógrafo. ¡Ahora podíamos subir a la montaña! Mantuvimos la mirada en la cruz, nuestra meta, y en última instancia sentimos la refrescante brisa en el pináculo del éxito.

Muy a menudo es al principio de una nueva aventura que encuentras obstáculos que gritan: *¡Retrocede!* ¿Qué te hace querer renunciar antes de comenzar? ¿El sendero mal marcado por delante? ¿La pendiente de la montaña? ¿Los comentarios negativos de familiares o amistades? ¿O algún temor escondido en lo profundo de tu propio corazón?

Con demasiada frecuencia las mujeres renunciamos demasiado pronto.

Con demasiada frecuencia las mujeres renunciamos demasiado pronto. ¡A veces la línea de partida es nuestro punto de abandono! Queremos ser heroínas pero no queremos actuar con heroísmo. El éxito empieza con el primer paso, ¡y puede necesitar toda tu vehemencia el solo hecho de entrar a la carrera!

¿Qué es vehemencia?

La música es la emocionante balada "La Vía Dolorosa", la historia del camino de Cristo hacia la cruz. Una joven hermosa danza al ritmo. No puede escuchar la música, pero siente lo que significa. Heather Whitestone es sorda. Esta noche danza hacia la victoria y se convierte en Miss América.

El camino de Heather hacia la victoria comenzó cuando era bebé. Su mamá estaba decidida a sacar a su hijita de las orillas y llevarla a la corriente principal. Se ponía al lado de la niña y le decía una palabra específica. Heather no podía ir a jugar hasta que escuchara atentamente y su madre dijera la palabra correcta. Continuó aprendiendo lectura de labios, luego lenguaje de señas. Ella afirma: "Las actitudes te paralizan más que cualquier otra cosa en este mundo". Un afiche de Heather con su corona puesta resume: "Dijeron que solo podría llegar hasta tercer grado de educación. Por suerte, ella no escuchaba".

El camino fue intenso, pero Heather sabía que Dios deseaba que siguiera adelante. Ella declara: "Todos somos dignos de Él". Heather espera animar a otros a resistir. "Mi corona borraría la palabra 'imposible' de sus vocabularios".

Las mujeres vehementes actúan con diligencia, seriedad y vigor para alcanzar un objetivo predeterminado. Cuando uno de mis hijos era bebé, me sentaba en el balancín, alimentándolo y orando. Este momento tranquilo era un alivio bienvenido a circunstancias agobiantes. La vida venía contra mí a toda prisa, y yo no tenía la seguridad de estar lista. Decidí escuchar una grabación. La mujer que estaba hablando comparó a las mujeres con embarcaciones, diciendo que algunas son pequeños botes de remos que se rompen fácilmente con solo un balde de adversidad, mientras que otras son más fuertes y más estables. Mientras me mecía, oraba: *Dios, conviérteme en un portaaviones donde otras mujeres puedan venir, reabastecerse de combustible, y volver a despegar para cumplir el plan de vuelo que tienes para ellas. Desperézame, fortaléceme, energízame con tu poder para ser un portaaviones*. Yo oraba por vehemencia.

Cuando hablo con dueñas de negocios, administradoras, directoras de organizaciones de voluntarios, y líderes de iglesias, todas ellas expresan el mismo deseo: "Deseamos poder hallar a gente que se sume a la tarea". La empresaria Mary Kay Ash declara: "Una persona con compromiso vale por cien con solo un interés".

Susan B. Anthony fue una mujer que entendió la vehemencia. Fue una de las distintas mujeres que estuvieron decididas a asegurar el derecho femenino al voto. También se mantuvo firme en la campaña antialcohólica y luchó por la abolición de la esclavitud.

De niña, Susan aprendió el valor del trabajo duro. Sus tareas incluían hornear veintiún panes cada día. En el molino de algodón de su padre, aprendió a trabajar en equipo junto a las chicas de granjas locales. A menudo estas chicas eran golpeadas por esposos borrachos que usaban el salario duramente ganado por sus esposas para comprar licor. Al ver la injusticia, Susan fue movida a actuar. Se convirtió en maestra de escuela, pero sus ingresos eran la quinta parte de lo que recibían sus colegas masculinos, por lo que protestó. Persistió en visitar a los negros en sus casas; para ella las visitas eran parte de su papel como maestra en la comunidad. Sus acciones acarrearon desaprobación, y fue despedida.

Susan B. Anthony fue nombrada presidente de Daughters for

Temperance. En 1852 le prohibieron hablar en una convención antialcohólica debido a su género. Dios usó la experiencia para cambiar el enfoque de Susan, quien se convirtió en una fuerza impulsora detrás del movimiento de sufragio femenino. En colaboración con Elizabeth Stanton, Susan trabajó sin descanso por obtener el voto de las mujeres. Viajó, habló, investigó y marchó. En 1872 llevó a un grupo de damas a participar ilegalmente en una elección nacional, a fin de probar el derecho femenino al sufragio bajo la recién adoptada Decimocuarta Enmienda. Susan fue arrestada, juzgada y multada por el acto de desobediencia civil. Se negó a pagar la multa, y le declaró al juez: "Resistir la tiranía es obedecer a Dios".

Susan B. Anthony nunca emitió un voto legal. A su muerte, el 13 de marzo de 1906, solo cuatro estados habían otorgado a las mujeres el derecho al sufragio. Sin embargo, catorce años después se aprobó la Decimonovena Enmienda, y a todas las mujeres se le garantizó el derecho al voto.

Susan B. Anthony fue inquebrantable durante más de cuarenta años. ¡Muchas mujeres tienen dificultad para cumplir una tarea por cuarenta días! Las prioridades más importantes no se miden en minutos, horas o días sino en años multiplicados.

Las prioridades más importantes no se miden en minutos, horas o días sino en años multiplicados.

MANTENTE EN LA CARRERA

¿Cómo obtener vehemencia para soportar? ¿Cómo sobrellevar la presión? ¿Cómo aguantar lo que la vida nos obliga a soportar?

Jill Briscoe habla de visitar los campos de exterminio en Camboya. Su traductora era una mujer pequeña que había perdido a su madre, a su padre y seis hermanos y hermanas en el genocidio. En este campo exclusivo de exterminio se levantaba un monumento lleno con más de nueve mil calaveras, incluidas las de los parientes de la intérprete. Jill buscó palabras reconfortantes ante tal tragedia. La mujer camboyana contestó: "Cuando llegan los problemas, ustedes en Occidente dicen: 'Dios, quita esto de mi espalda'. En Oriente decimos: 'Dios, fortalece mi espalda para soportarlo'".

El poder para mantenerse en la carrera proviene de Dios mismo. Cuando nos sometemos a cualquier sufrimiento, debemos concentrarnos en el carácter y el poder de Dios y no en la prueba misma. El apóstol Pablo entendía esto cuando escribió: "Tenemos este tesoro en vasos de barro, para que la excelencia del poder sea de Dios, y no de nosotros, que estamos atribulados en todo, mas no angustiados; en apuros, mas no desesperados; perseguidos, mas no desamparados; derribados, pero no destruidos; llevando en el cuerpo siempre por todas partes la muerte de Jesús, para que también la vida de Jesús se manifieste en nuestros cuerpos" (2 Corintios 4:7-10).

El poder para mantenerse en la carrera proviene de Dios mismo.

Una amiga me envió una carta desde Colombia poco después que alguien del mismo recinto de la misión fuera secuestrado por guerrilleros. La carta decía: "Hace algunos años, un misionero fue llevado y más tarde asesinado. La mayoría sentimos que esta situación actual explotará con el tiempo. Espero eso. Aun así, siento que es mejor estar donde creo que Dios me ha traído y enfrentar peligros, que estar a salvo en cualquier otra parte fuera de la voluntad de Dios".

En la esencia de la vehemencia está la capacidad para *permanecer*. "Dios... no os dejará ser tentados más de lo que podéis resistir, sino que dará también juntamente con la tentación la salida" (1 Corintios 10:13). La palabra *permanecer* significa "armar una tienda". Vehemencia significa que sacas tu martillo, golpeas las estacas, y te instalas... y permaneces hasta que la tarea se logre o las circunstancias cambian. Si estamos en la voluntad de Dios, tenemos su promesa de que nos ayudará a "resistir" o que "nos dará una salida" que mantenga nuestra integridad.

En la esencia de la vehemencia está la capacidad para permanecer.

MANTÉN LA MIRADA EN LA META

Me encanta ver la carrera de cien metros. Las competidoras se estiran y se esfuerzan por impulsar cada centímetro de sus cuerpos hacia delante. El final siempre es dramático cuando la corredora empuja el pecho hacia el frente, y entonces abre los brazos mientras rompe la cinta.

"Corramos con paciencia la carrera que tenemos por delante, puestos los ojos en Jesús, el autor y consumador de la fe, el cual por el gozo puesto delante de él sufrió la cruz, menospreciando el oprobio, y se sentó a la diestra del trono de Dios" (Hebreos 12:1-2). En el Calvario, Jesús mantuvo a la vista la meta final. ¡Sabemos que esta carrera terrenal tiene una recompensa maravillosa y eterna! Porque valíamos la pena para Jesús y Él corrió la carrera por nosotras, ahora podemos correr para Él.

En el Calvario, Jesús mantuvo a la vista la meta final.

ESCUCHA AL ENTRENADOR

Cada año ayudo a planificar y facilitar el campamento familiar de nuestra iglesia. Una de esas fechas, el campamento vino inmediatamente después de meses de frenética actividad. El último día de campamento desperté agotada porque Dios me había tenido la mayor parte de la noche tratando con mi actitud. Mi Entrenador celestial quería corregir un patrón dañino en mí.

Me hallaba cargada con preocupación y ansiedad por causa del campamento. De acuerdo a todas las señales externas, me estaba yendo bien. La gente estaba divirtiéndose, se desarrollaban nuevas relaciones, se llevaban a cabo significativas conversaciones, y se habían tomado decisiones. Sin embargo, no podía quitarme de encima la sensación de que tenía que hacer que todo funcionara a la perfección.

Al escribir en mi diario me di cuenta de mi problema. De niña, mi papel en la familia era hacer que las cosas se enderezaran. Si mis padres peleaban, yo creía que mi deber era hacer que se reconciliaran. Si mi hermano o mi hermana se sentían atacados o inseguros, yo asumía el papel de consoladora. Si mamá parecía afectada, yo quería ser su estabilidad. Pensé que debía tener el control para que el caos no gobernara nuestra casa. Ahora estaba permitiendo que esa antigua necesidad de sentirme con el control volviera a arrastrarse al interior de mi mente. Sin embargo, Dios me mostró de nuevo lo que yo ya sabía que era cierto. Controlar no era mi trabajo. *¡Él tenía el control!*

Dios ha estado expulsando de mi vida este rasgo de atormentador carácter. Cuando ahora me siento agotada, me hago a un lado y escucho la voz de mi Entrenador. Dios cuida de ti, de tu ministerio, de tu familia, de tu futuro. Él te enviará lo que necesitas para seguir adelante en victoria.

Un día, durante una época particularmente difícil de ministerio, recibí otra llamada dura y emocionalmente dolorosa. Poco después tenía que recoger a mi hijo Caleb en el colegio. Yo había estado llorando, así que me puse las gafas de sol con la esperanza de que Caleb no viera mis ojos llorosos. Pero él es un chico perceptivo.

—¿Qué pasa, mamá? —preguntó.

—Es un asunto de adultos, cariño. Gracias por preguntar, pero Dios nos enviará una respuesta a papá y a mí.

—Oh, yo sé eso, mamá. Estoy leyendo este libro de Charles Spurgeon acerca del Espíritu Santo. Dios sabe todas las cosas, así que sabe con exactitud lo que necesitas ahora mismo. Él es todopoderoso, así que puede conseguirte con exactitud lo que necesitas. Y es tan lleno de amor que está motivado a ir y conseguir exactamente lo que necesitas en este instante.

—Dios lo acaba de hacer, te envió a ti —declaré sonriéndole a mi precioso hijo.

Cualquier cosa que estés atravesando ahora mismo, Dios lo sabe y está motivado a moverse a tu favor.

Combate el agotamiento

Las mujeres influyentes damos mucho a otros, pero no podemos superar a Dios. Cuando nos sentimos cansadas y al borde del agotamiento, Dios tiene un plan para restaurarnos.

En 1 Reyes 18, el profeta Elías logró una de las más grandes victorias en su vida. La nación estaba reunida en la cima del monte Carmelo para un enfrentamiento entre el falso dios Baal y el Dios verdadero de Israel. Había una severa sequía. Los cuatrocientos cincuenta profetas de Baal oraron a su dios. Oraron toda la mañana. Luego oraron y danzaron. Después oraron y se sajaron. Oraron e hicieron su desesperada profecía. No hubo respuesta. Llegó el tiempo de la ofrenda nocturna, y aún nada de Baal.

Entonces Elías tomó doce piedras, una por cada tribu de Israel, y edificó un altar. Cavó una zanja alrededor del altar, puso la ofrenda sobre el altar y empapó todo con agua. Tres veces remojó el sacrificio con agua. Luego Elías oró, una sola vez, y el fuego del Señor cayó y quemó el sacrificio, el altar, el agua, ¡y la tierra! El pueblo se postró y adoró al Dios verdadero, y los profetas de Baal huyeron para salvar sus vidas. Los profetas de Dios los capturaron y los llevaron al arroyo de Cisón y los mataron.

El profeta Elías estaba agotado. Regresó a la cima del monte Carmelo, se inclinó en tierra, y puso el rostro entre sus rodillas. ¡Su día no había terminado! ¡Estaba orando por lluvia! Siete veces envió a su criado a ver si había nubes de lluvia mientras Elías seguía orando. Entonces llovió. El profeta instó al rey Acab a regresar a la ciudad en su carro. "Entonces el poder del Señor vino sobre Elías, quien se ajustó el manto con el cinturón, se echó a correr y llegó a Jezrel antes que Acab" (1 Reyes 18:46, NVI). ¡Jezrel estaba a cuarenta kilómetros del monte Carmelo!

Restauración, paso 1: Orar

Cuando termina una responsabilidad, por lo general hay cabos sueltos que cuidar, pero nadie quiere hacerlo porque todos están agotados. Estamos tentados a pararnos en seco. Elías pudo haberse sentido de ese modo. Había sequía en la tierra; el pueblo se había arrepentido, y por eso Elías pidió lluvia. No solo obtuvo la lluvia necesaria, sino que personalmente se fortaleció para la siguiente etapa de su viaje. Es probable que Elías quisiera tomar una siesta, ¡allí mismo en la cumbre de la montaña! Sin embargo, hizo una jugada mucho más sabia: oró.

A veces estoy cerca del final de un proyecto, sintiéndome privada de sueño y agotada mentalmente, con un plazo a punto de cumplirse. Entonces le ruego a Dios que me renueve las fuerzas. Me meto a la ducha, oro y canto alabanzas. Diez minutos después me siento renovada. No quiero decir que deba hacer de esa práctica un estilo de vida. No puedo suponer que la gracia de Dios cubra meses y años de maltratar mi cuerpo o de administrar mal mi tiempo o mi espíritu. No obstante, cuando he sido obediente y he dado todo de mí, y aún quedo corta en lo que se necesita para completar un proyecto y glorificar a Dios, Él compensa la distancia. Una y otra vez he visto la capacidad de Dios para lanzarse en picada y llevarme a la meta final.

Restauración, paso 2: Prepararte para el ataque

Después de que has logrado algo que sabes que fue solo por el poder y la gracia de Dios, ¡cuidado con las flechas voladoras! Satanás quiere destruir tu gozo. Quiere volverte ineficaz o demasiado introspectiva para que asocies emociones negativas con hacer grandes cosas con Dios.

El ataque a Elías vino de una mujer cascarrabias y manipuladora: la esposa de Acab, la reina Jezabel. Ella se enfureció porque sus profetas estaban muertos, y quiso que el profeta pagara, por lo que le lanzó una amenaza de muerte. Elías, el hombre que acababa de presenciar el poder milagroso de Dios, ¡huyó para salvar la vida! Se sentó debajo de un árbol y declaró: "Basta ya, oh Jehová, quítame la vida" (1 Reyes 19:4).

Si Satanás no puede distorsionar tu imagen de Dios, distorsionará tu imagen de ti misma. La perspectiva de Elías se apagó por completo. Nunca debemos dudar en las tinieblas lo que sabemos que es verdadero en la luz.

Restauración, paso 3: ¡Descansa!

Nuestro primer fin de semana en el ministerio a tiempo completo fue increíblemente agotador. El sábado mi hermano se casaba. El viernes por la noche mi familia volaba y decoramos la iglesia y el salón para la boda. Al llegar a nuestro nuevo pequeño apartamento vimos un gentío, y la mayor parte de nuestras pertenencias tiradas a lo largo del césped. Mi nueva vecinita, que tenía como cuatro años de edad, se me acercó corriendo. "Vi agua. ¡Fue una inundación tremenda! Pero corrí donde el administrador". Le di un gran abrazo y seguí caminando. Algunos parientes habían llegado antes que nosotros. Junto con el administrador, un equipo de limpieza de alfombras y mi madre intentaban arreglar el desorden.

Teníamos una hora para cambiarnos de ropa y regresar a la iglesia para el ensayo de la boda. De alguna manera, todos nos pusimos manos a la obra, y nuestro maravilloso administrador cristiano nos llevó afuera y nos aseguró que se encargaría de todo. El ensayo de la boda y la cena duraron hasta tarde esa noche. El sábado nos dedicamos a los preparativos de última hora de la boda, clasificamos pertenencias personales empapadas, tomamos parte en la boda, llegamos a casa, y nos pusimos a limpiar.

El domingo a las ocho de la mañana, Bill y yo, con Brock de seis meses de edad, estábamos parados sonriendo frente a la iglesia. A Bill lo estaban presentando como el nuevo pastor de jóvenes. Puesto que toda la familia estaba presente, también escogimos ese día para la presentación del bebé Brock. Entre las dos reuniones también tuvimos que dirigir la escuela dominical, y después salimos a un gran almuerzo familiar antes que todos dejaran la ciudad y regresaran a casa.

A las seis estábamos de vuelta para el servicio de la tarde, y luego salimos a una gran cena del personal de la iglesia en honor a la esposa de nuestro pastor principal. Para cuando se sirvió la cena, Brock se puso quisquilloso. Pobrecito, había estado tan zarandeado todo el fin de semana que ni la lactancia lo calmó. Me senté tranquilamente en una sala, aislada del grupo, tratando de alimentarlo para que pudiéramos volver a unirnos al personal que yo todavía no conocía bien. Durante cuarenta minutos traté de retorcerle el brazo a Dios con mi teología. *Dios, tú controlas todo. ¡Permite que Brock se quede dormido!* Finalmente renuncié y le entregué mi lloroso bebé a su papá. Bill me animó a buscar algo de comer.

Charlotte, la esposa del pastor, se me acercó en la mesa y me preguntó cómo estaba. Me quebranté. A toda prisa le conté todo el maravilloso y terrible fin de semana, sintiéndome culpable todo el tiempo por llorar en su fiesta de cumpleaños. Ella puso amorosamente los brazos alrededor de mí y manifestó: "Ah, querida, simplemente estás cansada. Hace mucho tiempo una mujer sabia en el ministerio me dijo que el cansancio es una herramienta de Satanás. A veces no se trata de un problema espiritual; ¡lo único que necesitas es dormir!".

A veces no se trata de un problema espiritual; ¡lo único que necesitas es dormir!

Descanso. Todas lo necesitamos. El descanso incluye sueño adecuado, comida nutritiva, ejercicio y un ritmo más lento de vida. Un ángel del Señor tocó a Elías y le ordenó: "Levántate, come". Había agua y pan fresco, directo desde el horno celestial. Elías comió y se durmió otra vez. Más tarde el ángel lo volvió a despertar y lo instó a comer preparándose para la próxima etapa del viaje.

En momentos de tensión, a menudo agarramos lo que es más rápido y más fácil de comer, alimentos que por lo general no son los mejores nutricionalmente. A veces, la tensión hace que olvidemos comer juntos. Stormie Omartian, en *Greater Health God's Way* [Una mejor salud a la manera de Dios], sugiere una pauta útil: consumir alimentos puros como Dios los hizo. Esto simplemente significa evitar alimentos preparados y elegir los que estén más cerca al modo en que los comerías si los cultivaras tú misma.

En ocasiones, la mejor manera de ayudar a la recuperación de tu cuerpo y tu espíritu es ayunar durante un día o más, beber únicamente agua, o quizás solo jugos y líquidos. Ayuno acompañado de oración puede renovar tanto el espíritu como el cuerpo.

Si eliges comer sanamente, no caigas en una actitud legalista que dice que eres más espiritual porque tienes cierta dieta. Los buenos hábitos de alimentación son importantes, pero también las buenas actitudes. Elías tomó lo que Dios le ofreció y lo comió. El hombre no se metió en una cruzada para cambiar todos los hábitos alimentarios en Israel. Simplemente comió y descansó en Dios.

Elías había obtenido suficientes fuerzas para viajar cuarenta días y cuarenta noches hasta el monte de Dios. Este es el mismo lugar donde Moisés había oído hablar a Dios en la zarza ardiente, y donde se entregó la ley. Elías regresó a donde sabía que Dios había hablado. Necesitaba que Dios le volviera a hablar.

Restauración, paso 4: Suéltalo

Dios llamó a Elías y le preguntó: "¿Qué haces aquí, Elías?" (1 Reyes 19:9). Esa pregunta no fue porque Dios necesitaba la información. Él sabía exactamente lo que Elías estaba haciendo tirado boca abajo en una cueva. Dios dejó que el profeta soltara lo que tenía dentro: "He sentido un vivo celo por Jehová Dios de los ejércitos; porque los hijos de Israel han dejado tu pacto, han derribado tus altares, y han matado a espada a tus profetas; y sólo yo he quedado, y me buscan para quitarme la vida" (1 Reyes 19:10).

Bueno, la historia de Elías solo era medio correcta. Una mujer querría matarlo. Pero él había huido de un avivamiento, no de una revuelta. Dios le declaró a Elías: "Sal fuera, y ponte en el monte delante de Jehová. Y he aquí Jehová que pasaba" (1 Reyes 19:11). Dios le dijo a Elías que saliera de la cueva oscura y húmeda al aire fresco del monte donde el Señor se le reuniría. ¡A menudo lo más saludable que podemos hacer cuando estamos deprimidos es levantarnos de la cama!

Elías salió al monte. "Y un grande y poderoso viento que rompía los montes, y quebraba las peñas delante de Jehová; pero Jehová no estaba en el viento. Y tras el viento un terremoto; pero Jehová no estaba en el terremoto. Y tras el terremoto un fuego; pero Jehová no estaba en el fuego. Y tras el fuego un silbo apacible y delicado" (1 Reyes 19:11-12).

Cuando Dios quiere captar nuestra atención, con frecuencia las cosas empeoran en vez de mejorar. A veces el viento, el terremoto y el fuego están dentro de nuestras almas. Dios puede usar la fatiga para recuperar nuestra atención. En ocasiones estremece los mismísimos fundamentos de nuestras vidas para que podamos ver sobre qué hemos estado paradas. Otras veces su fuego purga nuestro corazón de pensamientos, planes y deseos malsanos. Hay ocasiones en que permite que el viento azote y se lleve de nuestra vida aquello que no está fundamentado. A fin de restaurarnos de veras, Dios nos reducirá a lo necesario e importante. Entonces su apacible silbo vendrá.

Dios volvió a preguntar: "¿Qué haces aquí, Elías?" (1 Reyes 19:13).

El profeta repitió la misma respuesta de antes, pero Dios no la aceptó esta vez. Le dio a Elías una nueva misión: "Ve, vuélvete por tu camino, por el desierto de Damasco; y llegarás, y ungirás a Hazael por rey de Siria. A Jehú hijo de Nimsi ungirás por rey sobre Israel; y a Eliseo hijo de Safat, de Abel-mehola, ungirás para que sea profeta en tu lugar. Y el que escapare de la espada de Hazael, Jehú lo matará; y el que escapare de la espada de Jehú, Eliseo lo matará. Y yo haré que queden en Israel siete mil, cuyas rodillas no se doblaron ante Baal, y cuyas bocas no lo besaron" (1 Reyes 19:15-18).

Dios restauró la esperanza de Elías recordándole lo que era cierto: (1) Tienes un llamado y eres necesario. (2) Tengo un plan para tu seguridad. (3) No estás solo. (4) He aquí la red que te apoyará.

Se necesita vehemencia para influir.

A menudo, cuando estamos agotadas, se debe a que no estamos creyendo una de esas verdades.

Se necesita *vehemencia* para influir. La vehemencia puede lograr lo que tu corazón puede soñar. ¿Qué está deteniéndote? ¿Qué te hace renunciar en un plan? ¿Por qué te sientes fatigada o desanimada? Tú puedes ser una mujer vehemente. Permite que Dios refresque suavemente tu cuerpo cansado y calme tus nervios crispados. Ahora vuelve tu rostro hacia el Hijo y da un paso, solo uno, adelante.

Sé una mujer influyente

¿Qué necesitas hoy: acercarte a la línea de salida, mantenerte en la carrera, tener la mirada en la meta final, escuchar a tu entrenador? ¿Qué pasos debes dar para evitar la fatiga?

Cuando estoy realmente bajo presión, copio versículos especiales y pensamientos que reavivan mi fortaleza, y los coloco en papel de colores brillantes por toda la casa. Escoge tres o cuatro frases o versículos, escríbelos y colócalos. O acuéstate con la Biblia en disco compacto sonando en tus oídos. Elige un versículo favorito, envíalo a una amiga por correo postal o electrónico, y pídele que ore y crea a Dios contigo.

9

Inquisitiva
Descubre cómo crecer

Cuando esté delante de Dios al final de mi vida, espero que no me quede ni una pizca de talento y pueda afirmar: "Utilicé todo lo que me diste".

Erma Bombeck

Un día, sentada en un asilo de ancianos, Myrtie Howell oró: *Señor, ¿qué más puedo hacer por ti? Si estás listo para mí, estoy lista para irme. Quiero morir. Llévame.*

En lugar de llevársela, Dios le habló claramente al corazón: *Escribe a los prisioneros.*

Myrtie objetó: Señor, ¿qué yo escriba a los prisioneros? No tengo estudios; yo misma tuve que aprender a leer y escribir. Y no sé nada acerca de prisiones.

Ella tenía razón. En esa época no había oído hablar de la comunidad de prisiones o de ningún otro ministerio cristiano a las prisiones. Escribió una carta y la dirigió simplemente a la prisión más cercana que conocía: la penitenciaría Atlanta, en Atlanta, Georgia. Myrtie entabló correspondencia con cientos de presos, a veces tantos como cuarenta a la vez.

Cuando Chuck Colson fue a visitar a esta maravillosa mujer, quien tenía más de noventa años, ella le dijo: "Así que ahora, señor Colson, solo recuerde que el Señor no necesita desertores".

Myrtie Howell nos muestra cómo cada mujer debe moverse hacia el cielo: seguir extendiéndose, seguir creciendo y esforzándose por alcanzar hacia arriba y hacia adelante la gloria de Dios. Muchas de nosotras nos hundimos en nuestras rutinas y nos cubrimos la cabeza, esperando que la trompeta celestial suene.

Cuando una madre águila construye su nido, pone primero zarzas, piedras irregulares, y toda clase de objetos afilados que parecerían inadecuados para su propósito. Luego cubre la estructura con una capa gruesa de lana, plumas y pieles de animales que ha matado. Hace que el lugar de anidación sea suave y cómodo… un santuario precioso donde pueda empollar a sus crías.

Sin embargo, los aguiluchos no permanecerán por mucho tiempo en su acogedora cuna. Llega el día en que la madre zarandea el nido. Con sus afiladas garras arranca el suave y velloso forro para que sus pequeñuelos sientan los filos agudos que hay por debajo. Los jóvenes aguiluchos se desesperan tanto que están dispuestos a salir y comenzar a buscar su propia comida.

Los cambios pueden hacerte sentir como si estuvieran robando tu nido justo debajo de ti. De ser así, ¡es hora de aprender a volar!

Aprender por experiencia

A mi abuelo le gusta recordarme: "La mejor manera de aprender es haciendo". Un sabio proverbio declara: "Experiencia es lo que consigues cuando no obtienes lo que deseas. La escuela de la vida es un maestro capaz". Oscar Wilde expresó: "Experiencia es lo único que no se puede obtener gratis".

La experiencia me mostró que me encanta enseñar a chicos de colegio, secundaria y universidad, pero preferiría que alguien más se encargara de los preescolares. La experiencia me mostró que mi corazón estaba más relacionado con los problemas de mujeres que con la política en general. Años de experiencia en la granja me convencieron de que yo debía ir a la universidad y especializarme en inglés antes que en agricultura. Si dirigir la granja hubiera dependido de mí, ¡me habría muerto de hambre!

La experiencia nos ayuda a personalizar lo que hacemos y nos brinda una metodología para hacerlo. Al haberme encargado de los desamparados, tengo una filosofía acerca de estas personas. Haber discipulado a decenas de mujeres me dio un método de discipulado. Al haber trabajado con mujeres en crisis año tras año, las he manejado de modo distinto del que lo hice siendo novata.

En mis primeros años en el ministerio, si una mujer me llamaba llena de pánico por su matrimonio, yo sentía que debía salir corriendo y solucionarle el problema. No obstante, aprendí que si siempre rescataba, la mujer nunca aprendía a apoyarse en Dios. Muy a menudo ella no terminaba de dar pasos para lidiar con el problema; no necesitaba hacerlo, ya que yo le arreglaba las cosas. Si un problema se ha desarrollado durante años, probablemente tardará años (y muchos de gran esfuerzo) en resolverse. Ahora me doy cuenta de que yo no debería esforzarme por la recuperación de una persona más de lo que *ella* esté dispuesta a cooperar.

Aprender en un grupo pequeño

No debería sorprender que los grupos pequeños hayan revolucionado la iglesia. Jesús envió a sus discípulos de dos en dos. Al principio, el grupo se componía solo de doce integrantes. Un pequeño grupo de mujeres también siguió constantemente al Señor. Él prometió: "Donde están dos o tres congregados en mi nombre, allí estoy yo en medio de ellos" (Mateo 18:20).

Los grupos pequeños pueden reunirse para estudiar un tema específico, suplir una necesidad específica, o realizar una tarea específica. Pueden ser grupos de pacto con un objetivo de rendición mutua de cuentas y crecimiento. Lo único que un grupo pequeño necesita para empezar es un líder: alguien que congregue de una a doce personas.

La razón y el enfoque deben estar bien establecidos. ¿Es este grupo principalmente para estudio bíblico? ¿Es primordialmente para animar u orar? ¿Está orientado especialmente en tareas? ¿Nos reunimos para promover una habilidad? ¿Cuánto tiempo durará? ¿Dónde nos reuniremos? ¿Qué roles deberán cubrirse, y quién los cubrirá?

Cada año desafío a un grupo de mujeres a volverse influyentes. Estas damas tienen una visión similar para alcanzar el mundo, pero a muchas les falta entrenamiento y una facilitadora para sus sueños. Este es mi grupo pequeño favorito. Nos ayudamos unas a otras a esforzarnos y crecer en algunos aspectos atemorizantes, y nos convertimos en camilleras de las demás en medio de la batalla. Una miembro de uno de los grupos de Mujeres Influyentes me dijo que había crecido más en un año en ese grupo de lo que había crecido en los treinta años anteriores como creyente.

Tengo una red de amigas que son mujeres influyentes comprometidas. Algunas de estas amistades se remontan a la universidad, donde yo estaba en un grupo pequeño con un puñado más de mujeres que nos entrenábamos para el liderazgo cristiano.

Grace fue la amiga que me reconectó con Dios. En la universidad nadábamos en el mismo equipo y trabajábamos juntas en Cruzada Estudiantil para Cristo. Grace, su esposo, mi esposo, y yo trabajábamos en el ministerio juvenil. Su esposo era el pastor oficial de jóvenes cuando comenzamos, pero los cuatro crecimos como equipo. Durante un tiempo, Bill y yo vivimos en un apartamento justamente encima del de ellos. Todos estábamos recién casados, sin dinero pero con un enorme compromiso hacia Cristo y una visión ardiente de ver jóvenes transformados por el Señor. Comíamos juntos, orábamos juntos, salíamos las dos parejas, y ministrábamos juntos. Lo que destacaba esa relación era nuestra sinceridad y la transparencia total entre nosotros. La transparencia se edificó semana tras semana cuando nos reuníamos en un grupo pequeño.

Un día, Grace, Steve, Bill y yo estábamos planificando actividades juveniles para el año siguiente. Steve quería llevar al grupo de jóvenes a un recorrido en bicicleta por la costa de California. Yo opiné que esa era una idea extravagantemente chiflada, y solté mi opinión en un modo poco misericordioso. Sin embargo, Steve continuó: "¡Será grandioso! El lema puede ser: '¡Nada es demasiado duro para hacer que me queje!'".

Todos concordamos en que los chicos debían aprender esa lección. ¡Entonces procedí a quejarme acerca de tener que ir en un viaje en bicicleta! Finalmente, los otros tres lograron integrarme con reservas, pero yo seguí teniendo mala actitud.

A la mañana siguiente, después del estudio bíblico, Grace me pidió que me quedara a desayunar. Con mucho amor me confrontó acerca de mi actitud respecto al viaje y a la enorme falta de respeto que yo había mostrado. Tranquilamente me recordó el episodio y me mostró cómo mis palabras habían ofendido. Ella tenía razón. Yo estaba avergonzada, pero esa conversación fue un punto decisivo en nuestra relación. Grace me confrontó con amor, pero con el mismo amor siguió animándome, y hasta el día de hoy lo hace.

¡El viaje en bicicleta resultó ser la aventura de mi vida! En la espalda de cada camiseta estaba el lema del viaje: *Nada es demasiado duro para hacer que me queje*. Tuvimos muchas oportunidades de poner en práctica nuestro lema. Las montañas eran elevadas y abundantes; los días demasiado calientes y los asientos demasiado duros. Los muslos me ardían; la espalda y los brazos me dolían por la fatiga. Un día nuestro remolque de bicicletas se desenganchó y varias de ellas (incluso la mía) cayeron por un barranco. Pero nada era demasiado difícil para hacer que nos quejáramos (mucho). Solo se perdieron bicicletas y ropa, no personas, casas ni vidas.

Las lecciones del viaje en bicicleta se tradujeron en retos más profundos e importantes que teníamos por delante. La mayoría de jóvenes que hicieron ese viaje hoy día sirven a Cristo en algunas de las posiciones más difíciles del ministerio. Como mujeres influyentes, Grace y yo seguimos animándonos mutuamente a subir las empinadas colinas de nuestras vidas.

Aprender como discípulo

A veces necesitamos ayuda constante en el proceso de crecimiento. Una relación de discipulado en que una mujer cristiana más madura *discipula y orienta*, o *entrena y anima* a una más joven en la fe, puede ser la cuerda de salvación que necesitamos. El objetivo de discipular es presentar completa en Cristo a cada mujer a fin de que pueda ganar a otras para Él, edificarlas espiritualmente, y enviarlas afuera a ministrar, de modo que a su vez puedan ganar, edificar y enviar.

En oficios especializados, a lo largo de los siglos, aprendices entrenados bajo maestros artesanos aprenden los complicados métodos y secretos de producir delicadas obras de arte. Al trabajar codo con codo y día tras día con el maestro, captan gran parte de lo que nunca se enseñó formalmente. Así es cómo funciona con los mentores. Algunas de mis perspectivas más importantes han venido de preguntar a mujeres más experimentadas. Durante el almuerzo, o en algún ambiente privado, he tenido la libertad de hacer preguntas específicas y a menudo personales que no se habrían hecho en un grupo grande.

Tu mentora debe estar delante de ti en su viaje espiritual con Cristo.

Existen muchos tipos de relaciones de orientación. Algunas son de corto plazo y solo pueden durar unos días o unas semanas. Otras son más largas y perduran por años. Esta clase de relación sincera es un foro seguro para filtrar tus pensamientos, sentimientos, esperanzas, sueños, malos hábitos y dificultades.

Para iniciar este proceso de orientación, pide guía divina en oración; luego busca posibles mentoras. Las mentoras deben ser personas ocupadas que deberán encontrar tiempo, o podrían ser jubiladas y dedicarte tiempo fácilmente. Debes buscar una mujer mayor en el Señor. *Mayor* no necesariamente significa en lo cronológico, sino que *tu mentora debe estar delante de ti en su viaje espiritual con Cristo.*

Mientras te preparas para comenzar a aprender de una mentora, pregúntate: ¿Qué quieres aprender exactamente de ella? ¿Cuánta libertad le darás para comentar sobre lo que observe en tu vida?

¿Eres suficientemente dócil para recibir críticas constructivas así como elogios?

Acércate a tu mentora potencial. Pídele al principio una pequeña cantidad de tiempo, como un almuerzo o un desayuno. A veces este contacto inicial será lo único que consigas. La mentora podría vivir demasiado lejos o tener responsabilidades familiares o laborales que no le permiten ser parte continua de tu vida. Sin embargo, se puede aprender mucho en corto tiempo. Algunas de mis conversaciones más valiosas han sido en forma de cartas o correos electrónicos escritos a mujeres que he respetado y que me han contestado. Varias veces, una charla a la hora de comer durante una conferencia ha influido profundamente en mi carrera y ministerio. En ocasiones, cierta conversación telefónica era exactamente lo que yo necesitaba.

Cuando te acerques a una mentora potencial, sé específica en cuanto a lo que deseas. Explica por qué quieres ser su discípula y qué te gustaría que te enseñe. Pregúntale si lo pensará y orará al respecto por algunos días. Al principio pide una mínima cantidad de tiempo, quizás almorzar una vez por semana durante seis meses o reunirse una vez al mes durante seis meses. Si el tiempo juntas demuestra ser valioso, ambas pueden concordar seguir la relación un tiempo adicional.

Mientras mi esposo y yo estábamos en el seminario formé dos amistades que me pusieron al corriente de cómo ser una mujer influyente.

Phoebe O'Neal era la esposa del decano de Talbot durante nuestro primer año allí. Phoebe nos retó al liderazgo a algunas esposas. Pasábamos tiempo, a menudo frente a unos bocadillos, planificando un ministerio para alcanzar y preparar a esposas de estudiantes, pero aprendí mucho más de Phoebe. Aprendí a tener compasión por un mundo perdido; aprendí a ser misericordiosa y hospedadora; aprendí a retar en una manera que no fuera amenazadora pero sí eficaz. En los muchos años desde entonces he aprendido de su ejemplo y amistad. Ahora ella es viuda con un papel totalmente distinto, pero sigue siendo una mujer influyente con una pasión ardiente por alcanzar su mundo.

Mi amistad con Sally Conway se fortaleció justo después de su primera batalla con el cáncer de mama. De ella aprendí que lo primero es lo primero. Sally tenía la habilidad de mantenerse perfectamente tranquila cuando una tormenta rugía a su alrededor. La gente le importaba de veras a Sally. Esta mentora se esforzó mucho por ayudarme en mi forma de escribir, pero siempre fui más importante para ella que mis escritos. Sally me consideraba una persona, no un producto.

Yo conduciría toda una jornada para pasar tiempo con Phoebe o Sally. Después de estar con ellas, siempre volvía con una mente más clara y una visión mayor. Ellas son mayores y han pasado por mucho de lo que aún está por delante de mí, así que cuando expresaban: "Ya saldrás de esto", yo lo creía de veras. Cuando prometían que iban a orar por mí, yo sabía que lo harían.

Aprender como mentora

Cuando conocí a Tricia, ella era una madre indigente que vivía con un hombre sin estar casada con él. Era tímida y estaba herida, pero puedo asegurar que tenía un corazón de oro y gran habilidad para confiar en Dios... cuando sabía lo que Él le decía.

Un día, al conducir a su casa, me preguntó si podíamos reunirnos de vez en cuando. Quería saber cómo orar "bien". Yo ya estaba orando por cómo acercarme a Tricia para ver si ella estaba interesada en una relación de discipulado, y su petición contestó mi inquietud. Tricia tenía muchas preguntas acerca de Dios, y nos reuníamos semana tras semana para contestarlas. Un día sentí que ella estaba lista para contestar una de mis preguntas.

—Tricia, ¿sabes que Dios te ama de veras, no es así?

Ella asintió.

—¿Sabes que Él desea darte un plan para tu vida que te brindará un futuro y una esperanza, verdad?

Asintió de nuevo.

—Tricia, ¿crees que es el mejor plan de Dios para ti que sigas viviendo con un hombre con quien no estás casada? ¿Crees que es el plan de Dios para tus hijos?

—¿Sabes, Pam? He estado pensando en eso. ¿Qué opinas tú?

Estudiamos juntas lo que la Biblia dice acerca del matrimonio, el compromiso, y la capacidad de Dios para proveer. Poco después ayudé a Tricia a mudarse y establecerse en una nueva vida.

Tricia aprendió con avidez los principios de Dios, y los aplicó sin importarle el sacrificio. La animé cuando ingresó a un programa de aprendizaje laboral; la ayudé a aprender a organizar su casa y su vida; me alegré por ella cuando llevaba a muchas de sus amigas y familiares de vuelta a Dios. La aplaudí cuando finalmente se casó con un hombre piadoso.

Los hijos mayores de Tricia están entrando ahora a sus años de adolescencia, y tienen corazones maravillosos para Dios. Su madre les ha sido un ejemplo de fe sencilla y valiente en Dios, que se está transmitiendo a la siguiente generación. Ella se ha convertido en una mujer a la que otras acuden cuando sus vidas están volviéndose añicos. Tricia también ha descubierto un pozo de talento artístico, el cual Dios está usando para alcanzar y animar a otros. Espero que ella y sus hijos sigan logrando grandes cosas para el Señor.

Si te gustaría discipular a otra mujer pero nadie te lo ha pedido, empieza a orar con regularidad para que Dios te traiga una cristiana más joven a quien puedas darle ánimo y enseñanza. Mira alrededor. Si sientes que cierta mujer necesita discipulado y está dispuesta a recibirlo, ofrécele tal relación en una base de corto plazo como una hora a la semana por seis semanas, y haz que le sea fácil declinar si lo prefiere. Luego mira lo que Dios hace por medio de esa relación.

Aprender como líder

"El discípulo no es superior a su maestro; mas todo el que fuere perfeccionado, será como su maestro" (Lucas 6:40). Cuando entregas tu vida, habrá mujeres que crecerán más a tu semejanza. Y tú crecerás más a semejanza de Jesús a medida que lo sigues. El hecho de que otras nos sigan mantiene nuestros corazones y nuestras mentes en sintonía con Dios, y nos motiva a ir a algún sitio. Puede ser intimidante

A través de mí, Jesús canaliza entusiasmo, información y guía, pero es a Él, no a mí, a quien siguen las mujeres.

que haya mujeres observándote, haciéndote preguntas, e imitando tu vida, pero esto no tiene que paralizarte. Pablo manifestó: "Sed imitadores de mí, así como yo de Cristo" (1 Corintios 11:1).

La mayoría de damas no se ven como influyentes porque creen que deben hacer grandes cosas para serlo. En una relación de influencia, *ser* es mucho más importante que *hacer*. Me gusta pensar de mí misma como un embudo. A través de mí, Jesús canaliza entusiasmo, información y guía, pero es a Él, no a mí, a quien siguen las mujeres.

He aquí cuatro maneras de ser lo que una cristiana más joven necesita:

- *Estar preparada*. Permite que vea que tienes visión tanto para ti como para ella. Prepárate antes de tus reuniones, y espera lo mismo de tu discípula. Proporciónale recursos extra y perspectivas personales. Personaliza tu tiempo con ella para satisfacer sus necesidades, mientras le das lo fundamental para ayudarle a convertirse en una mujer influyente.

- *Ser transparente*. Habla de algunas de tus luchas. Deja que tu discípula ore por ti cuando oras por ella. Hazle saber que no eres perfecta, solo obediente. Si no tenemos cuidado en este aspecto, daremos la falsa impresión de que solo unas pocas elegidas pueden ser mujeres influyentes. *Toda* mujer puede influir.

- *Estar disponible*. Abre tu vida. Permite que tu discípula te vea en todo tipo de circunstancias. Hazle saber cuándo estás disponible y cuándo no estás al alcance. Hazle saber cómo localizarte en una emergencia, y luego define la *emergencia*. De este modo podrás invertir solo en unas pocas mujeres; deja que estas pocas estén más cerca de tu vida. Jesús pasó tiempo extra con tres discípulos: Pedro, Jacobo y Juan. No puedes influir en todas, pero puedes influir profundamente en unas cuantas.

- *Ser un reto.* No tengas miedo de hacer preguntas difíciles. Si la mujer a quien estás discipulando no hace sus tareas ni toma la relación en serio, háblale de eso. Explícale que tu tiempo, su tiempo, y el tiempo de Dios son demasiado valiosos para desperdiciarlos. Pregúntale si cree que las expectativas son realistas. Si la relación no está funcionando, Dios podría estar moviéndola hacia alguien más que pueda influir en ella; o podría querer que dependa más de Él y menos de una persona. Tales inconvenientes son raros porque alguien que busca tu consejo y tu aporte por lo general es seria en cuanto a crecer; pero si las cosas se ponen incómodas, el mejor curso es una conversación sincera.

Pasa la batuta

Pasar la batuta de influencia a la siguiente generación es una maravillosa bendición y una "ventaja adicional" de obediencia a Dios. Esto no siempre es fácil. A veces me cansa la molestia de reorganizar mi vida para ayudar a otras mujeres en su viaje de crecimiento. Cuando lo hago, Dios me recuerda que una vez fui una molestia.

Yo era una joven de dieciocho años con muchas inquietudes, mucha energía, y ninguna dirección. Tina, la mujer que me dio orientación en la universidad, casi renuncia en varias ocasiones. A menudo tenía demasiado que hacer solo para lograr que yo saliera con hombres adecuados y llegara al estudio bíblico cada semana. Fui un fracaso miserable en uno de mis primeros trabajos ministeriales: hacer café y limpiar la cafetera.

Un día, hablando con Tina, le di toda la lista de excusas de por qué yo no podía cumplir el compromiso ministerial que había hecho. Era mi cumpleaños; mi novio venía a la ciudad a sacarme; él no era cristiano, así que quizás no se sentiría cómodo en el estudio de la

Biblia; yo había planeado la cita antes de empezar el discipulado. La lista era interminable.

Finalmente, Tina, apenada en el corazón y cansada de escuchar mis excusas patéticas, me miró directamente a los ojos y, con asombrosa seriedad, me confrontó.

—Pam, ¿quién es más importante para ti, Jesús o tu novio?

—Jesús —respondí.

Y el Espíritu dentro de mí pareció susurrar a mi corazón: *¿Por qué entonces tuvo ella que preguntarlo?*

Durante días estuve molesta. Di una prolongada y dura mirada a mi vida. Cumplí mi compromiso. La callosidad cayó de mi corazón ese día. Me sentí bien de poner primero a Jesús.

Crecimiento natural

En la granja de Idaho donde me crié, había dos clases de agua. Una se encontraba en los muchos lagos que salpicaban el paisaje. Cuando éramos niños, los lagos no solo nos fascinaban, sino que también nos repugnaban. Estaban llenos de insectos interesantes y plantas poco comunes, pero debido a que el agua se hallaba estancada, estaba llena de barro y musgo, y a veces olía a enfermedad y muerte. Por ello, el agua del lago se había vuelto inútil y hasta peligrosa.

La otra clase de agua en nuestra granja era la que corría libremente. Mi lugar favorito para sentarme en los cálidos días de verano era un puente de tablas sobre una estrecha zanja de riego en nuestro pastizal del fondo. El agua corría rauda y fría. Yo balanceaba los pies en la corriente y soñaba. Dejaba caer una balsa de ramas en el diminuto riachuelo y la observaba navegar en la corriente. Un día, cuando dejé caer mi pequeña balsa, pensé a dónde iría a parar esta. Flotaría por la zanja y entraría al canal, bajaría por este y entraría al río, y el río la llevaría al océano amplio y azul. ¡Yo quería estar en esa pequeña balsa!

Al seguir a Dios y extendernos y crecer, tú y yo podemos navegar más allá de nuestro horizonte y entrar en el mar sin fronteras de Dios.

Sé una mujer influyente

Quizás en este momento necesites entrenamiento en discipulado que te brinde una comprensión firme de los fundamentos de la fe cristiana, que profundice tus raíces en Cristo, o que te ayude a superar una debilidad en tu vida. Podrías necesitar entrenamiento en cómo alcanzar a otras mujeres y ayudarlas a crecer. Tal vez necesites tutoría: tiempo con una cristiana mayor que pueda ayudarte a crecer en habilidades de liderazgo, ministerio o profesión. O puede que estés lista para ser una mentora y desarrollarte en el proceso. ¿Cuál es el siguiente paso en tu crecimiento?

Llena a continuación los espacios que creas que te ayudarán a ampliar tu plataforma de influencia cristiana. Luego almuerza con una mujer más madura y pregúntale qué potencial ve en ti que podría desarrollarse al seguir uno de estos pasos.

- ☐ Tomar clases de ____________________.
- ☐ Graduarme en ____________________.
- ☐ Dictar clases de ____________________.
- ☐ Conocer dónde encaja Dios en mi vida a través de ____________________.
- ☐ Hallar quién me oriente para poder crecer. Pedirle a ____________________.
- ☐ Encontrar ayuda para vencer una debilidad particular. Pedirle a ____________________.
- ☐ Recibir asesoramiento profesional para tratar con mi pasado problemático. Llamar a ____________________.
- ☐ Hallar una mentora. Posibles mujeres a quienes buscar: ____________________.
- ☐ Empezar a orientar a otras. Posibles mujeres a quienes acercarme: ____.

- ☐ Unirme a un grupo pequeño. Llamar a ________________.
- ☐ Guiar o comenzar un ministerio que prepare a otras mujeres. Paso siguiente: ____________________.

10

CONTAGIOSA

Sé una cristiana cautivadora

La vida es una moneda. Puedes gastarla como quieras, pero puedes gastarla una sola vez.

LILLIAN DICKSON

No se puede detener a una persona que pertenece por completo a Dios. El mejor regalo que el Señor puede recibir eres tú... ¡sin condiciones ni reservas! Dios no necesita tu habilidad tanto como tu disponibilidad. Si estamos enardecidas por Él, influiremos de manera natural en otras personas. Estar enardecidas no es solo un estado de ánimo. Ser fervientes por Dios es el desbordamiento de una vida conectada con Dios.

ACTITUD CONTAGIOSA

Karly me pidió que la orientara durante una época especialmente atareada en mi vida. Yo quería pasar tiempo con ella porque me recordaba a mí misma antes que alguien hiciera un espacio para enseñarme.

Puesto que mi horario ya estaba completamente lleno, fui sincera con ella: "La única manera en que puedo pasar tiempo contigo es que vayas conmigo a donde yo deba ir". Karly estuvo de acuerdo. Así que hemos viajado juntas. Ella ha cuidado de mis hijos. Hemos doblado mi ropa, hemos comido juntas, y Karly ha llegado a ser como una hija para mí. Si le hubiera dicho: "No, estoy demasiado ocupada", me habría perdido una de las más grandes bendiciones que he tenido. Karly se ha convertido en una líder que guía a otras mujeres. En la universidad encontró un grupo de teatro musical, y cada año entrena a más de cincuenta niñas a usar la música, el movimiento, y el teatro para alcanzar a otros y hablar de su fe. Si no puedes dar toda clase de tiempo, da el tiempo que tienes. Simplemente lleva contigo a mujeres más jóvenes mientras sirves a Dios, y ellas también aprenderán a servir a Dios.

Dios no necesita tu habilidad tanto como tu disponibilidad.

Flexibilidad firme

Las mujeres contagiosas tienen una actitud de "puedo hacerlo". Si sales de casa para almorzar con una amiga, puedes hacer ministerio. Si tienes media hora para charlar por teléfono con una amiga, puedes hacer ministerio. Si tienes tiempo para una afición, puedes hacer ministerio. Sí, puede que debas ser más creativa en las obligaciones ministeriales con las que te comprometes, pero puedes ser una mujer influyente.

Una mujer casada con un incrédulo se acercó a su pastor y le pidió que le permitiera reunirse con alguna mujer que acudiera a él pidiéndole consejo relacionado con un marido incrédulo. La mujer amaba a su esposo, pero él solamente le permitía una hora de adoración a la semana; sin embargo, era libre para ministrar de lunes a viernes durante su hora de almuerzo. Ella desarrolló un ministerio de orientación a la hora del almuerzo con otras mujeres en su misma situación, animándolas en su caminar personal con Dios.

—¡Eso debe ser muy duro! —le declaré un día.

—A veces lo es —contestó—. Pero no puedo superar a Dios. Dios me enriquece cuando me entrego a Él. No utilizaré mis circunstancias como una excusa; Dios es más grande que eso.

Si no puedes dar toda clase de tiempo, da el tiempo que tienes.

¿Hay alguien en circunstancias similares a las tuyas que necesita que le des ánimo?

Cynthia McKinney es una doctora de éxito. Es una vivaz cristiana afro-estadounidense en el mundo de la ciencia médica dominado por hombres. Sus pacientes la aman. Ella es hermosa, talentosa y segura de sí misma. Si la conocieras, podrías creer que los obstáculos que debió vencer fueron problemas de raza, género o finanzas. Sin embargo, como ocurre con la mayoría de mujeres, la mayor dificultad de Cynthia fue su falta de confianza en sí misma.

Cynthia confiesa: "Tuve que aprender a creer a Dios en su Palabra y creer que versículos como Filipenses 4:13 son verdaderos ['Todo lo puedo en Cristo que me fortalece']. Comprendí que Dios siempre honra su Palabra. Debí tomar la Biblia y hacerla personal, saber que el Señor está detrás de mí, y saber que, si estoy deleitándome en Él, me concederá los deseos de mi corazón".

Podrías creer que no tienes mucho que ofrecer. Entonces ofrece a Dios tus oraciones y tu corazón, ¡y mira lo que Él hará!

Un fin de semana de 1990 se reunió un grupo muy pequeño de adolescentes tejanos. No tenían nada que ofrecer a Dios excepto su pasión y la preocupación por sus colegios. Se sintieron obligados a orar. Esa noche manejaron hasta tres colegios distintos. No sabían exactamente qué hacer, pero fueron a los pabellones y oraron por sus amigos, colegios y líderes. La historia se extendió a líderes de juventud en todo Texas. Se les ocurrió que estudiantes de todo Texas se reunieran simultáneamente en los pabellones de sus colegios para orar. En una sesión inicial de intercambio de ideas denominaron a la actividad "Te veo en el asta". La visión fue compartida con 20.000 estudiantes en junio de 1990 en el Coliseo Reunión en Dallas, Texas. A las 7 de la mañana del 12 de septiembre de 1990, en cuatro estados diferentes, más de 45.000 adolescentes se reunieron para orar en pabellones de colegios. Unos meses después, en una conferencia nacional, pastores de jóvenes hablaron de que sus estudiantes habían oído hablar del movimiento de oración en Texas y que estaban igualmente angustiados por sus colegios. El 11 de septiembre de 1991, a las 7 de la mañana, ¡un millón de estudiantes se reunió en pabellones de colegios en todos los Estados Unidos! Después de trece años, el movimiento aún sigue siendo fuerte. En 2004, más de dos millones de adolescentes se reunieron para "Te veo en el asta" a través de la nación y en países tan lejanos como Alemania, Rumania, Corea del Sur, Japón, Congo y Sudáfrica. El movimiento comenzó con un puñado de jóvenes en un remoto pueblo de Texas, y floreció porque sus corazones ardían para Dios y estuvieron dispuestos a obedecer de manera radical.

Podrías sentirte abrumada por tus propias circunstancias; por ejemplo, si eres madre de preescolares, especialmente si tienes varios en pañales a la vez. Un día, un grupo de ocho mamás en una iglesia, desesperadas por salir adelante, se reunieron en el hogar de una de ellas. Mientras hablaban se dieron cuenta de que su necesidad era común a las mujeres, y durante los años siguientes se mantuvieron unidas y elaboraron una estructura que se convirtió rápidamente en MOPS (Madres de preescolares, en inglés). Ahora son casi 4.000 grupos de MOPS en todo el mundo.

¿Te sientes demasiado estresada para cambiar el mundo? Tal vez tengas una sola amiga que necesite una llamada tuya.

Shirley es una mujer que no dejó que su enfermedad la venciera. Al diagnosticarle esclerosis múltiple, pasó de llevar una vida atlética y activa (era maestra de piano y de Biblia) a estar en cama usando únicamente la mano derecha y la boca. Por un tiempo siguió enseñando en estudios bíblicos en casas con el uso de un coche especialmente diseñado. Cuando su cuerpo ya no le permitió esto, se convirtió en consejera telefónica para un ministerio de televisión. Cuando la voz se le debilitó, se dedicó a escribir cientos de notas de ánimo cada mes. ¿Sientes que no puedes hacer lo que solías? Quizás no puedas hacerlo todo, pero ¿qué *puedes* hacer?

Algunas mujeres se preguntan por qué deberían iniciar un nuevo ministerio cuando ya existen tantos. Eso no detuvo a Lysa TerKeurst, quien resultó retada mientras leía Proverbios 31. Le emocionaron las enseñanzas eternas de una madre a su hijo explicándole el tipo de esposa que el joven debía buscar. Lysa quiso ofrecer el mismo mensaje a mujeres de hoy día. Ministerios Proverbios 31 tiene ahora un programa en más de 1.000 estaciones de radio, una revista que llega a casi 6.000 mujeres cada mes, un devocional diario por correo electrónico con más de 75.000 suscriptoras, y grupos pequeños en línea a través del sitio web Crosswalk.com. Cada generación necesita mujeres que lleven la antorcha de verdad a sus compañeras. ¿Llevarás la antorcha y ayudarás a reavivar a tu generación?

¿Llevarás la antorcha y ayudarás a reavivar a tu generación?

Algo para celebrar

A todas nos gusta formar parte de un equipo ganador. Como creyentes, *somos* un equipo ganador. Si alguien tiene algo de qué cantar, si alguien tiene una razón para saltar de alegría, somos *nosotras*. Las celebraciones son contagiosas.

Debemos buscar motivos para celebrar: un aumento, un ascenso, una buena nota, incluso un buen día. Nuestra familia ha adoptado la tradición de hacer una "fiesta del ángel" cuando alguien llega a Cristo. La idea viene de Lucas 15:10, donde Jesús dice que los ángeles se regocijan por la conversión de una persona. ¡Los ángeles celebran una fiesta!

Cuando yo estaba en la universidad, comencé a notar cómo el entusiasmo por la vida se extiende a los demás. Una mañana a las seis llevaba mi bandeja de desayuno por la fila de la cafetería tal como había hecho durante todo el año. Como de costumbre, saludé a las empleadas. Una de ellas dijo: "¡Tú siempre sonriendo! ¿Qué te hace tan feliz a esta hora de la mañana?". Dios me había dado "en bandeja de plata" una de mis primeras oportunidades para hablar de mi fe.

—¿De veras quieres saberlo? —pregunté.

—Por supuesto —fue la respuesta.

—Conozco personalmente a Jesús, por lo que tengo confianza en que hoy será un buen día, pase lo que pase.

Esa escena se ha repetido una y otra vez.

Varias familias han llegado a Cristo como consecuencia de la amistad que les hemos brindado. A muchas les asombra que actuemos como seres humanos normales: contamos chistes, reímos, vamos a juegos de pelota, y disfrutamos de películas, barbacoas y la vida. Bill y yo escribimos libros sobre relaciones que enseñan verdad con un toque humorístico. Puedes asegurarlo por los títulos: *Los Hombres son como waffles, las Mujeres como espaguetis; Red Hot Monogamy* [Monogamia al rojo vivo]; *El lenguaje secreto de las parejas exitosas; Love, Honor and Forgive* [Amor, honor y perdón]. Cuando pre-creyentes leen nuestras obras, a menudo dicen cosas como: "Fue tan divertido, ¡y sin embargo tan verdadero! ¡No creía que los cristianos pudieran hacerme reír!". O "Vaya, no creía que los cristianos casados *tuvieran* tanto sexo, ¡y mucho menos que lo *disfrutaran*! ¿Quieres decir que a Dios le importan todos los aspectos de mi vida?". Cuando nuestras amistades no cristianas son sinceras con nosotros, suelen decir: "Ustedes son reales, y muy divertidos". Jesús trajo alegría, ¡y nosotros también podemos hacerlo!

Si lo único que haces es difundir esperanza, obtendrás un círculo creciente de influencia.

Dios nos ha confiado el don de la esperanza. Mantienes esperanza mediante tu sonrisa, tu risa, tu perspectiva positiva de la vida, y tu capacidad de amar. Si lo único que haces es difundir esperanza, obtendrás un círculo creciente de influencia.

Casa contagiosa

Mis hijos se han beneficiado de nuestra política de casa abierta. Han visto desarrollarse relaciones de citas piadosas. Durante la cena dominical han oído a hombres y mujeres hablar del llamado de Dios para sus vidas. También han visto las horribles consecuencias del pecado. Han llegado a odiar el alcoholismo, el abuso de drogas, el aborto, y la violencia doméstica porque han visto lo que les sucede a las víctimas. No puedo proteger por completo a mis hijos del dolor del pecado, ni quiero hacerlo. Sin embargo, soy cuidadosa en proteger su privacidad personal. Aunque estés comprometida a ser una mujer influyente, tus hijos no deben pagar el precio por tu compromiso. Dales la oportunidad de participar en su propio nivel de compromiso, a medida que estén listos.

Dales a tus hijos la oportunidad de participar en su propio nivel de compromiso.

Cuando nuestro hijo Brock tenía diez años, recibió una bicicleta nueva como premio de liderazgo comunitario porque varias veces había renunciado voluntariamente a su propia cama para ayudar a jóvenes desamparados a tratar de empezar de nuevo. Lo que las noticias ni la gente sabían es que Brock ha cedido su cuarto toda su vida a estudiantes en transición, misioneros en licencia, y mujeres maltratadas. Cada vez que le explicamos a Brock que es opcional para él prestar su cuarto por un día o más (una vez durante varios meses). Cada vez él ha respondido: "Seguro… parece que es lo menos que puedo hacer". Años después, Brock fue nombrado Ciudadano del Año de San Diego. Recibió becas universitarias y le pidieron que se dirigiera a una audiencia de casi 1.000 personas. Mejor aún, su corazón de siervo le atrajo a su futura esposa. En sus votos matrimoniales, ella lo felicitó por su integridad y su respeto por las mujeres y por los dones femeninos.

Propósito contagioso

Influencia es una relación con un propósito. Si puedes ser amiga, puedes influir.

Brenda, una de las primeras estudiantes del colegio que orienté, ha hablado de Cristo con muchas más mujeres que yo, y sigue haciéndolo. Brenda es ahora una madre que dirige un ministerio de damas. Puesto que ser mentora es una convicción y un estilo de vida para ella, siempre está discipulando a alguien.

Si puedes ser amiga, puedes influir.

Brenda se crio en un sólido hogar cristiano. Cuando ella estaba en secundaria, reté a un grupo pequeño de chicas, entre ellas Brenda, a formar un grupo de discipulado. Durante más de tres años pasé tiempo con estas jovencitas, vertiendo en sus vidas todo lo que yo sabía de Dios y entrenándolas para transmitir a otras jóvenes los fundamentos y para que influyeran en su mundo. Años más tarde, Brenda manifestó: "Fue este entrenamiento, los *porqués* del cristianismo, lo que se quedó conmigo y se convirtió en la base para mi vida".

Un día, después de una charla programada, se me acercó una joven.

—Usted no me conoce, pero yo siento que la conozco —me informó—. Fui discípula de Sheri, quien fue discípula de Kristin, quien fue discípula de Brenda, quien fue discípula de usted...

—Yo fui discípula de Tina —la interrumpí continuando la lista—, quien fue discípula de Faith, quien fue discípula de alguna mujer maravillosa, ¡estoy segura!

¡Fácilmente podemos nombrar seis "generaciones" de discipulado!

Estilo contagioso de vida

No estamos destinadas a alcanzar solo a creyentes más jóvenes. También podemos hacer contacto con mujeres no cristianas y ser parte de los medios de Dios para llevarlas a la fe.

Muchas cristianas huyen del mundo, temiendo contaminarse, pero lo que necesita el mundo "contaminante" es la verdad del evangelio, y nosotras somos quienes la propagamos. Tenemos una esperanza contagiosa, una fortaleza contagiosa, un gozo contagioso. Debemos correr hacia el mundo. El mundo necesita desesperadamente codearse con nosotras.

Nuestras vidas deben estar abiertas a las demás personas mientras trabajamos en comercios minoristas, negocios, entretenimiento, educación, ciencia, medicina, medios de comunicación o ministerio.

Esto no es tan difícil como podrías creer. Para ser eficaz en alcanzar e influir en una mujer que no conoce a Cristo, solo debes seguir tres pasos sencillos:

1. Reunirte con ella para conocerla.
2. Responder a sus inquietudes.
3. Estar a su disposición.

El mundo necesita desesperadamente codearse con nosotras.

Conocer a la persona

Algunas de nosotras no influimos en el mundo que nos rodea porque no estamos en él. Tal vez solo asistamos a funciones cristianas. Quizás trabajemos para empresas y organizaciones cristianas. Es posible que solo tengamos amistades cristianas. Debemos salir de nuestro ambiente cristiano seguro y, sencillamente, conocer personas.

Si viniste a Cristo desde una pandilla o una cultura de drogas, tal vez temas regresar para no caer en antiguas tentaciones. Esa es una precaución válida, pero no tiene que impedirte ministrar. Existen grupos de alcance que ministran a personas en entornos neutrales como gimnasios, sitios de distribución de comida y ropa, u opciones educativas. Puedes conocer nuevas personas en el parque, en la lavandería, en el trabajo voluntario, en grupos recreativos, y a través de los deportes u otras actividades de tus hijos.

Busco formas estratégicas de alterar mi programa para permitir que más gente no cristiana entre en mi vida. Disfruto haciendo aeróbic, pero, en lugar de ir a una clase patrocinada por la iglesia donde la mayoría de mujeres son creyentes, voy a un gimnasio secular. Me encanta divertirme, así que, en lugar de invitar solo a gente cristiana, con esmero mezclo personas en una fiesta o trato de que todas mis invitadas sean incrédulas. A medida que mi vida cambia con nuevas obligaciones y responsabilidades, tengo cuidado de mantener un equilibrio para influir tanto en el mundo como en creyentes.

Busco formas estratégicas de alterar mi programa para permitir que más gente no cristiana entre en mi vida.

Jo-Anne Cinanni llevó personalmente a más de cuarenta amigas a Cristo en un período de seis años. Jo-Anne conoció a la mayoría de ellas a través de su segundo empleo en un centro de dieta y nutrición donde trabajaba ocho horas a la semana. Su vida representaba el lema "Predica a Jesús. Si es necesario, usa palabras". Jo-Anne está convencida de que las palabras son un flujo natural de un corazón conectado con Cristo. Ella afirma: "Jesús ilustra cómo debemos entrar al mundo, alcanzar a pecadores, y relacionarnos con ellos por medio de nuestros corazones a fin de ministrarlos y mostrarles el amor de Dios".

Responder a sus preguntas

Tal vez dudes en participar en un debate espiritual con una amiga no cristiana porque tienes miedo de que te haga preguntas difíciles acerca de la Biblia, y que no puedas contestar. La buena noticia es que no tienes que conocer todas las respuestas; solo tienes que estar disponible para que tu amiga sienta que puede preguntar. Siempre puedes responder: "Gran pregunta. Déjame investigar algo y volveré contigo". ¡Luego investiga!

Un mayor obstáculo es el tiempo que se necesita para que una relación se desarrolle hasta el punto de la confianza. Es muy fácil mantener las cosas en un nivel superficial. Ayuda tener un buen oído que escucha y hacer algunas preguntas bien elegidas para que tu amiga hable. No quiero parecer presentadora de concursos televisivos, pero sí deseo averiguar lo que ella sabe acerca de Jesús, y algo de su personalidad, sus necesidades y sus deseos. ¿Necesita mi nueva amiga respuestas intelectuales a su escepticismo, respuestas emocionales para su corazón, o respuestas prácticas para su vida diaria?

Como alumna reingresada, en la universidad tomé una clase en estudios femeninos. La profesora era una mujer extraordinaria que alentaba la libre expresión y el debate. Un día entró y comenzó la clase con una pregunta provocativa: "Hoy vamos a hablar de cuándo nos volvemos sexualmente conscientes. ¿Quién desea ser la primera en hablar?". La clase permaneció en un silencio nervioso. Entonces yo levanté la mano.

No tienes que conocer todas las respuestas; solo tienes que estar disponible para que tu amiga sienta que puede preguntar.

"Está bien, yo quiero hablar". Entonces pasé a explicar cómo llegué a Cristo y que debido a mi confianza en su amor por mí seguí las directrices en su libro. Escogí con cuidado mis palabras para hablar de mi propia experiencia, pero sin juzgar a alguien más. Expresé que había luchado por mantener mi virginidad, pero que en retrospectiva estaba contenta. Expliqué que un beneficio de esa decisión era la fuerte comunicación verbal que ahora tenía con Bill. Podemos hablar de cualquier cosa, incluso sexo, y como resultado tenemos una vida sexual muy agradable…

"¡Intolerante de mente estrecha! —me interrumpió una voz iracunda detrás de mí—. Mi madre trató de meterme esa basura religiosa en la garganta, ¡y ahora tú también tratas de hacerlo!".

Mi interior entró en pánico por un segundo. Entonces, debido a sentirme bien amada por Dios y firmemente llamada a hablar de Él, respondí sin defensa y con misericordia. Me volví hacia la mujer y pedí disculpas. Le expliqué que no pretendía parecer dura. Solo quería explicar lo que había funcionado en mí. Sonreí y mi corazón la conmovió, porque era evidente que ella cargaba mucho dolor.

Se levantaron manos en todo el salón. Otras estudiantes, de quienes yo ni siquiera sabía que eran cristianas, comenzaron a contar sus experiencias. Una joven declaró que había sido sexualmente activa con hombres, pero que poco tiempo atrás había llegado a Cristo y que ahora era más feliz manteniéndose pura y confiando en el plan de Dios respecto a una relación sexual futura.

Durante el descanso me puse a hablar de Dios y de su amor con muchas personas. Después de la clase tuve una gran conversación franca con mi profesora, quien me preguntó si yo estaba bien. Debí explicar que no sentía que mi compañera de clase me hubiera atacado a mí sino a lo que yo defendía. Expresé mi pesar por hombres y mujeres que han sido heridos por la religión legalista, y hablé de mi trayectoria espiritual. Mi profesora me habló de su propio trasfondo espiritual y de algunas de las inquietudes que aún tenía en cuanto a Dios y el cristianismo.

En las clases que siguieron tuve incluso algunas oportunidades de hablar con mi compañera que había estado tan molesta conmigo. No tengo todas las respuestas, pero sé lo que Jesús ha hecho por mí.

Ya que creo tanto en el poder de la historia, las mujeres que oriento tienen la tarea de buscar diez formas o diez palabras que puedan usar como trampolín para sus historias de fe. Por ejemplo, mis diez palabras serían *matrimonio, amor, citas, bebida, papá, búsqueda, crianza, hijos, universidad* y *perfeccionismo*. Cualquiera de estas palabras puede ser fácilmente una puerta de entrada a la historia de mi vida.

La siguiente asignación para mis discípulas es que, sin la ayuda de notas, traten de contar su historia en un minuto, tres minutos, y cinco minutos, en que deben incluir un tema clave y un versículo clave que resuman su historia.

Estar disponible

Cuando estamos preparadas para contar nuestra historia, Dios nos da oportunidades de hacerlo. En el último día de clase de literatura victoriana estábamos analizando *El corazón de las tinieblas*, de Joseph Conrad. Al principio de la clase yo había dado, desde una perspectiva cristiana, alguna información sobre uno de los pasajes. Una joven en el fondo del salón levantó la mano y comentó: "Parece que los que afirman tener un corazón de luz en realidad tienen corazones de tinieblas, y que aquellos de quienes se dice que tienen corazones de tinieblas, como los nativos, han iluminado corazones. Es exactamente como los misioneros cristianos que entran en culturas tribales y plantan su 'evangelio de luz', y explotan al pueblo".

Cuando estamos preparadas para contar nuestra historia, Dios nos da oportunidades de hacerlo.

Algunos de mis amigos más queridos trabajan ahora con pueblos tribales en el campo misionero, y sé que no están explotando a la gente. Es verdad que algunas cosas horribles se han hecho en el nombre de Cristo; pero, en su gran mayoría, los misioneros a través de los siglos han llevado a los pueblos nativos asistencia médica, enriquecimiento económico y esperanza.

Algunas costumbres tribales cambian cuando las tribus llegan a creer en Cristo. En la tribu donde trabajan mis amigos, los nativos tenían la costumbre de colgar bebitas en el bosque para que los animales las mataran. La costumbre se desarrolló debido al sistema de dotes que tenían. Los padres de la novia tenían que arreglar un matrimonio y pagar una dote a menudo muy alta y elaborada. Muchos padres no podían cumplir esa obligación, así que, en lugar de tener que enfrentarla cuando su hija recién nacida creciera, la llevaban a la selva y la dejaban colgando de un árbol para que los animales salvajes la devoraran. Como consecuencia llegó a haber una grave escasez de mujeres adultas en esa tribu. Muchos hombres anhelaban una esposa y una familia, pero no había suficientes mujeres. Sin embargo, debido a que muchos en la tribu llegaron a Cristo, las risas de las niñas volvieron a resonar en el bosque tropical, en vez de sus gritos desesperados pidiendo ayuda.

Todas estas cosas y más me zumbaban en la cabeza sentada allí en la clase. El corazón me palpitaba con fuerza mientras trataba de organizar mis pensamientos y levantar la mano.

Justo entonces la profesora manifestó: "Buen punto. Con ese comentario concluiremos nuestra clase. Gracias por su asistencia. Ha sido interesante tener una clase tan maravillosa. Que tengan un verano agradable".

¿Buen punto? ¿Que tengan un verano agradable? ¡Ese no fue un buen punto! ¡No puedo tener un verano agradable cuando esta clase terminó en tales tinieblas! ¡Oh Dios, te defraudé!

Recuperé mi compostura por medio de la oración y agradecí a la profesora por todo su esfuerzo, pero antes de salir del salón de clases me corrían lágrimas por el rostro. *¡Lo siento, Dios! Todo el semestre traté de representarte. Casi en todas las clases me diste la oportunidad de corregir teología o aclarar alguna cuestión de lógica. Ahora el semestre ha terminado de este modo… ¡es demasiado difícil!*

Subí al auto para ir a una clase de escritura creativa que yo estaba dictando. Lloraba tan fuerte que apenas podía ver el camino. Me sentía desconsolada por mi incapacidad de encontrar las palabras. Entonces Dios me recordó una promesa: "No os preocupéis por cómo o qué hablaréis; porque en aquella hora os será dado lo que habéis de hablar" (Mateo 10:19).

Todo el semestre Dios me había dado las palabras y la oportunidad. Ese día particular, Él no me había dado nada. Yo estaba disponible, pero Dios decidió no usarme. Usarme era responsabilidad de Él. Estar disponible era mi responsabilidad. Una sensación de libertad me inundó. Me aferré con fuerza a ese sentimiento. También me aferré a la desconsolación total que estaba experimentando. No quiero olvidar nunca ninguno de esos sentimientos.

Ahora es el momento

Cuando Jesús dejó este mundo, entregó la Gran Comisión: "Toda potestad me es dada en el cielo y en la tierra. Por tanto, id, y haced discípulos a todas las naciones, bautizándolos en el nombre del Padre, y del Hijo, y del Espíritu Santo; enseñándoles que guarden todas las cosas que os he mandado; y he aquí yo estoy con vosotros todos los días, hasta el fin del mundo. Amén" (Mateo 28:18-20). Jesús no dijo que solo pastores, directores de ministerios de mujeres, o ejecutivos podían hacer discípulos. Su orden es para todo aquel que conoce personalmente a Cristo.

Podrías estar preguntando: "¿Dónde están las mujeres comunes y corrientes? Este libro está lleno de ejemplos extraordinarios... ¿y qué de mí?". *Todas* somos mujeres comunes y corrientes, ¡pero Dios es extraordinario! Toda cristiana debe ser una mujer influyente. Cada una debe hacer discípulas. Toda mujer debe ir al mundo y marcar una diferencia para Jesús. Cualesquiera que sean tus dones, úsalos. Cualquiera que sea tu plataforma, posición o experiencia, úsala.

Todas somos mujeres comunes y corrientes, ¡pero Dios es extraordinario!

No esperes que se te acerquen mujeres a pedirte que las orientes; reta a algunas mujeres a ser guiadas. No esperes que una mujer te rete a que recibas orientación; pídele que te guíe. No esperes hasta que las mujeres en el mundo te pidan ayuda; ofrécela con antelación. No esperes a que te pregunten por Jesús; anda y cuéntales.

¡Nada de excusas!

Si has tratado de ser una mujer influyente, sabes lo difícil que es. La gente tiene problemas. Los problemas son un fastidio. A veces es inoportuno cuidar de alguien. Tal vez no queramos los problemas que la influencia trae consigo.

Kay Cole James fue a la televisión representando una actividad local pro-vida en un debate nocturno. Tarjetas y cartas llegaron a la Oficina de Derecho Nacional a la Vida alabando las capacidades de Kay. Los líderes de la organización llegaron a su casa, observaron la grabación del debate, y le ofrecieron trabajo inmediato. Kay los rechazó. Ella era empresaria y madre exitosa, y no quería complicarse aún más la vida.

Unos meses después, Kay estaba escuchando una cinta en su auto. Un sacerdote episcopal hacía un llamado convincente a participar en el movimiento pro-vida. Kay describe así su reacción: "Se me ocurrió que mientras esta batalla por las vidas de millones de niños no nacidos estaba peleándose a mi alrededor, yo no podía esconderme detrás de un buen trabajo vendiendo equipos de música y televisores. Morían bebés porque personas como yo no querían involucrarse".

Kay se convirtió en portavoz nacional para el comité del Derecho Nacional a la Vida. Tuvo tanto éxito que pronto los representantes de Planificación Familiar se negaron a debatir con ella. Kay era una mujer negra comprometida y elocuente con una pasión.

Pronto esa pasión llamó la atención del partido republicano. Un día se detuvo en la sede de la campaña electoral de Bush en Washington, D.C., para hablar sobre algunos temas que le inquietaban. Cuando George W. Bush oyó que Kay estaba allí, se le acercó y le pidió que se uniera al equipo de la nueva administración.

Kay se paralizó. Explicó que su madre estaba enferma de cáncer y que no era un buen momento. Luego Kay fue a visitar a su madre en el hospital, le habló de la emocionante oferta, y le confesó que la había rechazado.

Su madre contestó: "Chica, ¿qué te pasa? ¡Ese no fue el ejemplo que te di! El hijo del Presidente de los Estados Unidos te pide que sirvas a tu nación, ¡y tú te niegas! ¿Cuántas personas crees que tienen esa oportunidad? ¿A cuánta gente negra crees que le piden eso? Chica, ¡descuelga de inmediato ese teléfono y dile que estabas bromeando!".

Ser influyente merece la pena, porque cambia vidas para la eternidad. Entonces, ¿qué está impidiéndote dar el paso? Para convertirse en alguien influyente, la mayoría de mujeres solo necesitan de alguien que crea en ellas. Yo creo en ti, pero lo más importante, ¡Dios cree en ti!

Mensaje en mármol

Me encanta viajar al noroeste de Estados Unidos. La historia cobra vida en lugares como Boston, Lexington y Concord. Un otoño, cuando visitaba la región, entré a un cementerio junto a una iglesia. El día era frío y tempestuoso. Caminé por el cementerio, retirando las hojas multicolores de las lápidas y leyendo las palabras cinceladas allí. Las cualidades personales y los principales logros en la vida de los muertos estaban grabados en piedra para que todas las futuras generaciones vieran. *Esto fue lo importante para esta persona; vivió para esto; esto fue lo que la motivó.*

Qué privilegio ser el artista, cincel en mano, esculpiendo tributos. El esmerado golpeteo del martillo contra el cincel creaba un monumento permanente. Estos no eran fríos marcadores de piedra que simbolizaban muerte, sino tributos que conmemoraban vida. Me pregunté: *Al final de mi vida, Dios, ¿qué mensaje estará grabado en mi lápida?*

Dios se movió dentro de mi corazón: *Pam, hoy día estás escribiendo tu lápida. Escribe sabiamente.* Me incliné contra un árbol y, mirando la tumba más cercana, traté de pensar en lo que Dios cincelaría en el mármol acerca de mi vida:

Aquí yace Pamela Farrel… tas… tas… Pam creía que Dios podía hacer abundantemente mucho más allá de lo que ella podía pedir o pensar… tas… tas… Pam amó a su esposo, sus hijos, sus amigos y sus parientes… Ella animó a mujeres a ser todo lo que Dios quiso que fueran.

Cada día de vida cincelamos nuestra influencia en los corazones y en las vidas de otras personas. Cristo es el artista. Tú eres su instrumento. Solo tú puedes decidir cómo permitirás que el Maestro Artesano utilice tu vida. "No se puede transformar un mundo a menos que como individuos en el mundo seamos transformados, y los individuos no podemos ser cambiados a menos que seamos moldeados en las manos del Maestro".

Tú y yo decidimos a quién somos llamadas a influir. ¿Se están usando nuestros dones y talentos solo para reconocimiento popular momentáneo, o está nuestra influencia esculpiendo influencia para Cristo en las generaciones venideras? ¿Para quién estamos viviendo: para nosotras mismas o para el Maestro Artesano que nos creó? Eres una mujer influyente… el Artesano está trabajando… tas… tas… para marcar una diferencia.

Sé una mujer influyente

¿Qué quieres en tu lápida? En la lápida de abajo escribe de tres a cinco frases que reflejan lo que hay en tu corazón.

Apéndice 1

Diez semanas de devocionales

Capítulo 1: Apasionada

Día 1: Lee Ester 4. ¿Qué crees que transformó a una reina temblorosa en una reina segura de sí misma?

Haz una lista de formas de llenar el espacio en blanco: "El mundo sería un lugar mejor si ______________________________". ¿Qué te dicen las respuestas acerca de ti?

Día 2: Lee Lucas 21:12-19.

Escribe tres o cuatro ocasiones que te conmovieron, te hicieron actuar, o ambas cosas. ¿Qué vínculos comunes ves?

Día 3: Lee Romanos 8:28-39.

Entrevista a miembro de la familia y a un par de amigas cercanas. ¿De qué creen ellas que hablas más? ¿Acerca de qué creen que estás apasionada?

Día 4: Lee Juan 14:23-27.

Examina la declaración doctrinal de tu iglesia o alguna otra declaración de fe. ¿Por qué verdad(es) estarías dispuesta a morir? ¿A ir a la cárcel? ¿Hay algún principio que consideras irrelevante?

Día 5: Lee Marcos 13:9-13.

Escribe notas de agradecimiento a mujeres que hayan tenido un efecto profundo y positivo en tu vida. ¡Envíalas enseguida!

Fin de semana: Lee Jeremías 1:4-8; Éxodo 31:1-11.

Escribe acerca de ocasiones en que entregaste la vida: estuviste centrada en otros, fuiste voluntaria, ayudaste a alguien en el ministerio, etc. Busca patrones en lo que escribes. ¿Ves clases repetidas de personas, entornos repetidos, palabras repetidas como *escuché, enseñé, serví,* etc.?

Considera algún estilo de vida o cambio de programación que debas hacer a fin de entrar a la pasión o al llamado que Dios tiene para ti. Empieza orando para que Dios ordene tu corazón y tu vida con su voluntad y su llamado para ti. Haz planes definitivos para hacer los cambios necesarios.

Capítulo 2: Individual

Las lecturas bíblicas de esta semana presentan varios dones espirituales que el Espíritu Santo puede ejercer a través de tu estilo particular de liderazgo. A medida que leas esta semana, coloca un asterisco en aquellas habilidades que consideres más fuertes en ti.

Día 1: Lee 1 Corintios 12:1-6, 27-28; Romanos 12:6-8. LA JEFA: ¿Encuentras gozo en planificar una actividad, una fiesta, o una reunión para hablar a la gente acerca de Jesús o ayudar a otros a crecer en su relación con Él? Posible don: Liderazgo/Administración.

Lee 2 Crónicas 2:5-10; Éxodo 30:22-25. LA ARTISTA: ¿Te gusta usar tu habilidad para crear algo de belleza que pueda utilizarse en la iglesia o en tu casa para recordar a la gente acerca de Dios? Posible don: Producción artesanal.

Lee Romanos 10:12-15; Efesios 4:7-13. LA MEGÁFONO: ¿Sientes la urgencia de hablar a otros respecto a Jesús, de hacer conocer tu historia de fe, o de invitar amistades a la iglesia? Posible don: Evangelista.

Día 2: Lee 1 Corintios 2:1-3; 12:8; Romanos 12:8. LA CONSEJERA: ¿Te encuentras a menudo escuchando problemas de amigas, ofreciendo orar con ellas, o tratando de encontrar pasajes bíblicos que les ayudarán? Posibles dones: Exhortación o sabiduría.

Lee Marcos 12:41-44; Romanos 12:8; 2 Corintios 8:1-9. LA BANQUERA. ¿Encuentras gozo en dar dinero para ayudar a alguien como un misionero, una familia necesitada, tu iglesia, o algún otro ministerio? Posible don: Generosidad.

Lee Marcos 2:1-4; Romanos 12:7; 16:1-2; 1 Corintios 12:27-28. LA AYUDANTE: ¿Prefieres ayudar tras bastidores, poner sillas, entregar folletos, hacer ponche, limpiar después de la escuela dominical o de la reunión de jóvenes, o hacer cosas que un conserje o una secretaria podrían realizar? Posible don: Ayuda/Servicio.

Día 3: Lee Hechos 16:11-15; Romanos 12:9-13; 1 Pedro 4:9-10. LA ANFITRIONA: ¿Te gusta planear fiestas en tu casa, tener invitados durante la noche y hacer que se sientan cómodos, prestarles tus mejores cosas para que las usen durante su estadía, hacer algo y llevárselo a una vecina o a una persona anciana y quedarte a conversar? Posible don: Hospitalidad.

Lee Hechos 12:1-17; Filipenses 1:19; Colosenses 4:12; 1 Timoteo 2:1-8. LA GUERRERA DE ORACIÓN: ¿Orarías con gusto por alguien durante veinte minutos, orarías en voz alta con alguien que está triste, u orarías en tu camino hacia o desde el trabajo o el colegio? Posible don: Intercesión.

Lee Romanos 15:14; 1 Corintios 12:8. LA INTELIGENTE: ¿Usas con frecuencia tu conocimiento para ayudar a alguien más, como orientar o indicar cómo se hace algo, o manejar asuntos técnicos en la oficina de tu iglesia o en el sistema de sonido? Posible don: Conocimiento.

Día 4: Lee Lucas 10:30-37; Hechos 16:29-34. LA ENFERMERA: ¿Encuentras gozo en ayudar a enfermos, discapacitados, ancianos o más débiles que tú, o a quienes necesitan un estímulo tal como chicos de educación especial o niños que requieren ayuda extra en la escuela? Posible don: Misericordia.

Lee 1 Crónicas 16:39-42; 2 Crónicas 5:11-14. LA MÚSICA: ¿Aprovechas la oportunidad de cantar o tocar un instrumento en la iglesia, en un asilo, para un grupo de jóvenes o para alguna otra reunión, y te gustaría componer canciones acerca de Dios para tocar fuera de la iglesia, como en la escuela o en un evento público? Posible don: Música.

Lee Romanos 12:7; 1 Corintios 12:28; Efesios 4:11; 2 Timoteo 1:13-14; 2:1-2. LA MAESTRA: ¿Buscas oportunidades de enseñar estudios bíblicos en la iglesia o fuera de ella, de enseñar a tus hermanos y hermanas menores, de reunir niños en tu barrio y enseñarles historias bíblicas que, en alguna manera, ayuden a otros a aprender acerca de Dios? Posible don: Enseñanza.

Lee Salmos 45:1; Hechos 15:19-20; 1 Timoteo 3:14-15. LA ESCRITORA: ¿Prefieres usar la palabra escrita en lugar de la hablada para hablar acerca de Jesús a otros, sea a través de tus propias tarjetas de felicitación, historias, poemas, cartas al editor u otras clases de escritos? Posible don: Escritura.

Día 5: Lee Marcos 10:35-45. Dos de los discípulos de Jesús le pidieron lugares especiales de honor. Escribe lo que aprendes acerca del liderazgo del siervo basándote en cómo Jesús trató con la petición de ellos.

Fin de semana: Lee Lucas 12:35-48. El liderazgo es un gran gozo y una enorme responsabilidad. ¿Cuál es el pensamiento más alentador sobre el liderazgo que recibiste del capítulo dos de este libro?

Enumera todos tus roles de liderazgo en el pasado. ¿Cuáles crees que fueron los más fructíferos? ¿Cuáles fueron los más satisfactorios? Pregúntale a Dios si este es un momento para cambiar la forma en que diriges o a quién diriges.

Capítulo 3: Íntima

Día 1: Lee Juan 14. ¿Qué aprendes sobre Jesús y su relación con el Padre?

Día 2: Lee Juan 15. ¿Qué aprendes sobre Jesús y su relación con el Padre?

Día 3: Lee Juan 16. ¿Qué aprendes sobre Jesús y su relación con el Padre?

Día 4: Lee Juan 17. ¿Qué aprendes sobre Jesús y su relación con el Padre?

Día 5: Lee Jeremías 33:3. Orar es conversar con Dios. Selecciona un salmo y óralo a Dios, añadiendo tus peticiones y preocupaciones personales.

Primero, escucha a Dios. Empieza tu tiempo de oración diciendo: "Dios, tú vas primero". Espera tranquilamente lo que Él traiga a tu mente, y ora acerca de cada tema. Cuando permitimos que Dios vaya primero, los asuntos críticos saldrán a la superficie y Él señalará aspectos que le gustaría abordar.

Adoración: Alaba a Dios por quién es Él, por sus atributos, características y cualidades.

Confesión: Quédate quieta y pídele a Dios que señale cualquier aspecto pecaminoso que se interponga entre tú y Él. Concuerda con Dios cuando te señale el pecado, y agradécele por su perdón y su amor.

Acción de gracias: Dale gracias al Señor por sus obras grandiosas y las oraciones contestadas, y cuenta tus muchas bendiciones.

Súplica: Nombra tus peticiones de oración. Intercede por quienes tienen necesidades.

Fin de semana: Lee Santiago 4:7-10. Piensa en varias mujeres que tengan una relación íntima con Cristo. Pregúntales qué recursos usan para estudios bíblicos y devocionales diarios.

Capítulo 4: Idealista

Día 1: Lee los siguientes pasajes y escribe lo que te enseña cada uno acerca de cómo te ve Dios:

Mateo 5:13-16
1 Corintios 3:16-17
Efesios 1:1-14
Colosenses 2:6-12
1 Pedro 2:9-12

¿Cuáles de los pasajes bíblicos te animan más, y por qué?

Día 2: Lee Salmos 139. ¿Qué nuevas percepciones obtienes respecto a Dios? Selecciona un versículo favorito de Salmos 139 y apréndelo de memoria.

Día 3: Lee Isaías 40:12-31. Compara los problemas de tu vida con la grandeza de Dios. Llévale tus problemas en oración.

Día 4: Lee Juan 1:1-18. Escribe tus pensamientos acerca de la grandeza y la suficiencia de Cristo.

Día 5: Lee Romanos 11:33-36; Efesios 3:20; Colosenses 1:15-20. Pronuncia estos pasajes en voz alta al Señor.

Fin de semana: Enumera tus debilidades emparejadas con sus opuestos: las fortalezas de Dios. Encuentra pasajes bíblicos relacionados con las fortalezas del Señor. Encadénalos en una carta de amor del corazón de Dios para el tuyo (ve mi ejemplo en el capítulo 4).

Crea tu propio altar personalizado o recordatorio de lo grande que es Dios. Si estás dispuesta, llévalo a la reunión de tu grupo la próxima semana.

CAPÍTULO 5: INTERDEPENDIENTE

Día 1: Lee 2 Timoteo 2:1-2 y Tito 2:1-8. ¿Qué aprendes acerca de relaciones de guía/discipulado? ¿A quién estás guiando? ¿Quién te está guiando?

Día 2: Lee Lucas 5:17-26. Fieles amigos camilleros llevaron al paralítico a Jesús. El Maestro lo curó y elogió la fe de los amigos (v. 20). ¿Quiénes son tus amigas camilleras? Envía notas de agradecimiento a aquellas a quienes llamarías si te encontraras en circunstancias difíciles.

Día 3: Lee Mateo 28:18-20 y Hechos 1:6-11. ¿Qué relaciones tienes con quienes no conocen todavía a Jesús? Haz una lista como de diez de esas personas y empieza a orar con regularidad por ellas.

Día 4: Lee 2 Timoteo 4:1-8. ¿A quiénes animas en vida? ¿Quiénes te animan? Encuentra una manera de agradecer hoy a tus animadoras.

Día 5: Lee Juan 3:1-15. Nicodemo buscó a Jesús. Haz hoy una cita con alguien a quien consideres orientadora o líder espiritual. Haz planes para pasar tiempo con ella y hacer algo para animarla.

Fin de semana: Las mujeres influyentes tienen una red de amigas y colegas que ayudan y animan a otras. Empieza un archivo de recursos para las mujeres que Dios traiga a tu camino, incluso consejeras cristianas, directoras de ministerios femeninos y otras en el campo de ayuda a personas, albergues de violencia doméstica, bancos de alimentos, asesoras económicas, etc.

Capítulo 6: Decidida

Día 1: Toma un objetivo de largo alcance y ejecútalo a través de la escalera de propósito. A medida que la semana avance, identifica los pasos que necesitas y empieza a crear un plan para lograr tu meta.

A veces es difícil discernir si un plan es idea de Dios o tu propia idea. Identifica una decisión con la que estés batallando. Para encontrar guía lee los siguientes pasajes bíblicos y hazte estas preguntas:

> Proverbios 12:15 y 15:22. ¿Has buscado consejo piadoso al respecto? ¿Qué me dicen las personas sensatas acerca de esto?
>
> Santiago 4:13-17. ¿He rendido mis planes a Dios?
>
> Romanos 12:3-8; 1 Corintios 12:1-11. ¿Logra mi plan utilizar mejor mis dones?

Día 2: Continúa trabajando en la escalera de tu plan; toma tiempo para orar por este. Busca obstáculos que debas vencer e información que debas reunir.

Lee los siguientes pasajes bíblicos acerca de la guía y contesta las preguntas sobre tu plan:

> 1 Tesalonicenses 4:1. ¿Me ayudará mi plan a vivir más y más en una forma que agrade a Dios?
>
> Romanos 14:22-23. ¿Requiere fe mi plan?

Día 3: Sigue trabajando en tu plan; toma tiempo para orar por este. Lee 1 Crónicas 28. ¿Hay una posibilidad de que mi plan será completado únicamente por una generación futura? ¿Cómo reacciono a tal posibilidad?

Día 4: Proverbios 16:1, 3, 9; 19:21. ¿Son mis deseos iguales a los de Dios? Si no es así, ¿quiero que lo sean?

Día 5: Lee los siguientes pasajes bíblicos acerca de la guía y contesta las preguntas sobre tu plan

> 2 Corintios 1:12-22. ¿Estoy resistiendo la urgencia de realizar mis planes en forma mundana, dejando que el mundo afecte mi manera de pensar?
>
> Colosenses 3:15. ¿Tengo paz respecto a esta decisión?

Fin de semana: Escribe objetivos a siete años, un año, y seis meses.

Objetivos a siete años:

> Espiritual:
>
> De equipo:
>
> Energía:
>
> Productividad:

Objetivos a un año:

> Espiritual:
>
> De equipo:
>
> Energía:

Productividad:

Objetivos a seis meses (pon estos en tu calendario):

Espiritual:

De equipo:

Energía:

Productividad:

Capítulo 7: Íntegra

Día 1: ¿Qué te enseñan sobre la integridad los siguientes pasajes?

Romanos 12:1-2

Efesios 5:1-7

Día 2: ¿Qué te enseñan sobre la integridad los siguientes pasajes?

Colosenses 3:12-14

1 Tesalonicenses 4:3-8

Día 3: ¿Qué te enseñan sobre la integridad los siguientes pasajes?

2 Timoteo 1:8-14; 2:20-21

Día 4: ¿Qué te enseñan sobre la integridad los siguientes pasajes?

Hebreos 12:14-17

1 Pedro 1:13-17

Día 5: Selecciona un aspecto de tu vida y busca pasajes bíblicos que te ayuden a discernir el corazón de Dios en ese aspecto.

Fin de semana: Considera si tienes un corazón puro hacia el Señor o si tu corazón está dividido. Lee Salmos 37. Nota las características y consecuencias de un corazón recto y puro.

Capítulo 8: Vehemente

Día 1: Lee 1 Corintios 10:13 y Santiago 4:7-10. ¿Cómo sabes si debes permanecer en una circunstancia o huir de ella?

Día 2: Lee Salmos 62 y Mateo 11:28-30. ¿Qué aprendes acerca de la perspectiva de Dios sobre el descanso?

Día 3: Lee Marcos 6:30-31. A veces nos abrumamos porque estamos llevando demasiadas responsabilidades a la vez. Haz una lista de todo aquello por lo que eres responsable. ¿Qué puedes delegar? ¿Qué puedes eliminar? ¿Qué puedes posponer?

Día 4: Lee Éxodo 20:8 y Levítico 23:3. ¿Por qué crees que Dios hizo provisión para que los seres humanos descansaran y trabajaran?

Día 5: Lee Deuteronomio 16:9-17. ¡La celebración reduce la tensión porque nos recuerda que la vida tiene un lado positivo! ¿Qué puedes celebrar hoy día delante del Señor?

Fin de semana: Entrevista a algunas cristianas más maduras. ¿Qué sabiduría pueden ofrecerte en cuanto a cómo ser una persona que se conduzca bien hasta la meta final?

Capítulo 9: Inquisitiva

Día 1: Lee Lucas 1:5-56. ¿Qué tipo de relación tenían María y Elisabet? ¿Qué crees que María ganó de su relación con su parienta mayor?

Día 2: Lee 1 Tesalonicenses 2:1-12. ¿Cómo te sientes respecto a ayudar a alguien más a crecer en su fe? ¿Qué aprendes del modelo demostrado en este pasaje?

Día 3: Lee Filipenses 2:19-30. ¿Qué aprendes de la relación de Pablo con Timoteo y Epafrodito?

Día 4: Lee Marcos 6:7-12 y Lucas 9:10-17. ¿Cómo hizo crecer Jesús la fe y el entendimiento de sus discípulos?

Día 5: Lee Mateo 26:57-75 y Juan 21:15-19. ¿Qué demuestra la interacción de Jesús y Pedro en cuanto a la relación de mentoría?

Fin de semana: ¿Qué cambios en ti o en tu vida crees que Dios quiere hacer a fin de prepararte mejor para ser hacedora de discípulas toda la vida?

Capítulo 10: Contagiosa

Día 1: Lee Hechos 4:1-12. Muéstrale hoy día a alguien que sea pre-creyente que te importa mucho.

Día 2: Lee Romanos 10:5-13. Compra un libro que pueda ayudarte a responder las inquietudes de alguien acerca de Dios, Jesús o la Biblia.

Día 3: Lee 2 Pedro 3:8-9. Haz una lista de pre-creyentes que conozcas, y comprométete a orar diariamente por ellos y por una oportunidad de hablarles de Jesús.

Día 4: Lee 1 Pedro 3:13-16. ¿Dónde debes mostrar más "mansedumbre y reverencia" hacia pre-creyentes?

Día 5: Lee Marcos 6:32-34. Después de la iglesia este domingo, intenta hacer a alguien estas tres preguntas:

"¿Qué te pareció la reunión de hoy?".

"¿Tuvo sentido para ti el mensaje?" (O "¿Qué valoraste en el mensaje?").

"¿Te gustaría saber más acerca de una relación personal con Cristo?".

Fin de semana: Escribe una carta a Dios. Explica cómo te gustaría verlo usar lo que has aprendido para poder influir en el mundo. ¿Por quién estás orando a fin de que llegue a Cristo? ¿A quién harás de mentora? ¿A quien discipularás? ¿A quien enseñarás? ¿Cómo quieres que Dios convierta tu pasión en un ministerio? Dile a Dios todo en tu carta. Séllala, dirígela a ti misma, ponle un sello, y pídele a alguien confiable que te la envíe dentro de seis meses. ¡Ahora observa cómo Dios te utilizará para influir en el mundo!

Apéndice 2

Guía para grupos pequeños

Esta guía para reuniones en grupos pequeños puede adaptarse para un discipulado personal. Antes de cada reunión, las participantes deben leer el capítulo y completar la sección "Sé una mujer influyente" al final del capítulo. También hay devocionales en el Apéndice 1 y cada participante los puede hacer por su cuenta. La líder puede pedir que las participantes hagan los devocionales la semana anterior o la semana posterior a la reunión del grupo pequeño.

En las páginas siguientes, debajo del título de los capítulos, encontrarás tres elementos para la reunión de tu grupo pequeño:

- una actividad inicial
- preguntas de debate
- un cierre, que concluye la sesión con oración y compromiso.

Las instrucciones para la líder del grupo están en *cursivas*.

CAPÍTULO 1
Una mujer influyente es apasionada

ACTIVIDAD INICIAL

¿Qué aspecto positivo aprendiste de tu madre?

Aparte de tu madre, ¿quiénes son las mujeres que más han influido en tu vida?

PREGUNTAS DE DEBATE

1. El capítulo uno incluye historias de varias mujeres. ¿Con cuál(es) te identificas más, y por qué?

2. Encuentra una compañera y comparte con ella tus respuestas a esta pregunta:

   ¿A dónde te llevan tus sueños cuando tu casa está en silencio?
   ¿Qué te enoja justamente o te hace llorar?
   ¿De qué crees que hablas más?
   ¿Por qué o por quién estás dispuesta a morir?
   ¿Por quién o por qué principios irías a la cárcel?
   ¿Por quién estás dispuesta a padecer inconvenientes?

3. Reúne de nuevo al grupo. Haz que cada participante escriba su nombre en un trozo de papel y lo ponga en un sombrero o en otro recipiente. Haz que cada una saque un nombre; si saca el de ella, debe devolverlo y sacar otro.

Completa esta declaración para la persona cuyo nombre sacaste:

"Cuando pienso en ____(alguien)____,
reflexiono en ____(alguna fortaleza o habilidad)____,
y valoro ese atributo porque ________".

Si las participantes del grupo son nuevas entre sí, haz que cada una diga algo que le guste hacer. En un tiempo límite, otras participantes propondrán maneras en que Dios podría utilizar esa habilidad para ayudar a alguien más a llegar a conocer a Dios o a acercarse más a Dios.

4. Si tuvieras fondos ilimitados y el éxito asegurado, ¿qué querrías hacer para Dios?

Cierre

Pide que una voluntaria ore por la pasión que Dios ha puesto en cada corazón.

CAPÍTULO 2
Una mujer influyente es individual

Ten un sombrero disponible para el debate del capítulo.

Actividad inicial

Estudios aseguran que las mujeres no se ven como líderes a menos que otras las reconozcan como líderes y les afirmen sus fortalezas. ¿De qué maneras otras te han elogiado o han elogiado alguna fortaleza tuya recientemente? ¿Cómo te sentiste respecto del elogio o de los elogios?

Preguntas de debate

Pasa el sombrero y pide a cada persona que lo use mientras responde ambas partes de la pregunta 1.

1. Si hiciste la prueba de estilo de liderazgo en las páginas *33-35, ¿qué descubriste acerca de tu estilo de liderazgo? ¿Dónde crees que tu estilo de liderazgo sería más eficaz?

2. Lee Juan 15:15-17. ¿Qué preguntó Jesús a sus seguidores? ¿Qué promete a sus seguidores? ¿Cómo te animan sus palabras?

3. Responde esta encuesta:

   a. Los grupos de edad con quienes más me gusta trabajar son: (nombra tres)

   b. Prefiero: (elige uno)

   __ trabajar sola

   __ trabajar independientemente, pero ser parte de un equipo

   __ trabajar como un equipo

   __ trabajar como jefe de un equipo

   c. Me gusta el trabajo o el ministerio mejor en esta etapa: (elige uno)

   __ el sueño, cuando todo está tranquilo en su etapa de planificación

   __ la planta baja, cuando se está poniendo el fundamento

__ la máquina bien engrasada, cuando la mayoría de fallas han desaparecido y existe un sistema suave y predecible

__ reagrupación, cuando se necesita solucionar problemas o nuevas ideas

d. Prefiero ser responsable por hacer crecer a: (elige uno)

__ otra persona

__ un grupo pequeño de 2-3

__ un grupo pequeño de 4-10

__ un grupo grande de más de 10

e. Me gusta estar encargada de o ser responsable por: (elige uno)

__ nadie

__ otra persona

__ un grupo pequeño de menos de 5

__ un grupo mediano de 6-20

__ un grupo grande de más de 20

__ un grupo grande de más de 50

__ mientras más grande mejor

4. ¿Qué crees que debes superar a fin de verte como una mujer influyente?

Cierre

Ora por la mujer a tu derecha, junto con estas líneas: que ella se vea como Dios la ve; que se valore y valore su estilo de liderazgo, y salga a usar su estilo de liderazgo.

CAPÍTULO 3
Una mujer influyente tiene intimidad con Dios

Pide a las participantes del grupo que traigan tantos recursos de estudio bíblico como sea posible. Considera un viaje a una librería cristiana para investigar recursos de estudio bíblico; si hay una cafetería en el local o cerca, considera tener esta reunión allí. Debes estar preparada para dejar que las mujeres opinen sobre cómo conduces tus propios tiempos devocionales y sobre las luchas y las victorias que has experimentado en tu compromiso con un tiempo diario de quietud. Considera dar una copia de tu devocional favorito o recurso de estudio bíblico a alguien en que influyas, e incluye una nota explicando por qué lo encuentras valioso.

ACTIVIDAD INICIAL

Piensa en una buena amiga. ¿Qué hiciste para desarrollar y fortalecer tu relación con ella?

PREGUNTAS DE DEBATE

1. Da un ejemplo de cómo tu tiempo diario con el Señor te ha ayudado en particular. Sé lo más específica posible.

2. Lee Marcos 1:32-35. ¿Qué aprendes acerca de cómo Cristo obtuvo sabiduría y fortaleza para la vida?

3. ¿Dónde está tu lugar favorito para pasar tiempo con el Señor, y por qué?

4. ¿Cuál es tu mayor obstáculo para un tiempo personal regular con el Señor?

Ofrece a las participantes la oportunidad de hablar de sus recursos favoritos de estudio bíblico y practica usando varios recursos.

5. ¿De qué recurso de estudio bíblico te has enterado, que te gustaría usar para ayudarte a entender mejor la Biblia?

6. Lee sobre las ideas de tiempo de quietud al final del capítulo tres. ¿Cuál te gustaría intentar esta semana?

7. Serás más constante en pasar tiempo con Jesús si tienes un tiempo regular y un lugar para encontrarte con Él. Encuentra una compañera y cuéntense dónde y cuándo se encontrarán a diario con Dios.

Cierre

En lugar de que cada persona hable de sus peticiones de oración para luego orar, haz que cada una ore por su propia petición, y entonces haz que otra participante ore por esa persona.

CAPÍTULO 4
Una mujer influyente es idealista

ACTIVIDAD INICIAL

¿Crees que es posible ser tanto idealista como realista? Explica tu respuesta.

PREGUNTAS DE DEBATE

1. ¿Cuándo es más probable que olvides quién es Dios?

2. Para tener una gran visión de Dios podemos intercambiar nuestras debilidades y temores por las fortalezas de Él. ¿Qué debilidad o temor tienes ahora mismo? ¿Cuál es su opuesto? (Ejemplos: enojo/gozo; ansiedad/paz).

3. ¿Cuál es tu lugar más temido de ministerio o tipo de ministerio?

4. Lee Salmos 46. Enumera las distintas maneras en que se describe a Dios ayudándonos.

5. ¿Qué característica de Dios te ayudará a combatir tu temor? (Por ejemplo, ¿necesitas un escudo, un pastor, un padre, una fortaleza, etc.?).

6. ¿Hasta qué punto modelas una gran visión de Dios a las personas en tu esfera de influencia (familiares, amistades, compañeros de trabajo, personas que discipulas, etc.)?

7. ¿Qué hábito o conducta crees que Dios quiere que empieces o detengas para que quienes están en tu ámbito de influencia puedan obtener una visión más amplia de Dios?

8. Habla del Proyecto Ester del capítulo cuatro. Conversa acerca de (1) organizar cada una su propia fiesta Proyecto Ester, o (2) hacer una fiesta Proyecto Ester como grupo. Seleccionen una fecha al menos ocho semanas después de la conclusión de tu estudio *Mujer influyente*. Establece una fecha para una sesión de planificación, quizás como una "Sesión 11", una semana después de tu última sesión *Mujer influyente*.

Cierre

Empieza tu tiempo de oración adorando a Dios por quién es Él. Ora por tus planes relacionados con el Proyecto Ester. También toma tiempo para agradecer a Dios por los talentos, los dones y las posibilidades de cada una de las participantes.

CAPÍTULO 5
Una mujer influyente es interdependiente

Las mujeres del grupo pudieron haber llevado sus recordatorios personalizados de lo grande que es Dios (mira la sección "Fin de semana" de la sesión anterior en el apéndice 1). Pregunta si alguien ha llevado su recordatorio personal o si quiere describirlo en caso de que no haya podido llevarlo.

ACTIVIDAD INICIAL

¿Qué palabras de aliento o de corrección cambiaron la senda de tu vida para bien? ¿Qué dijo o hizo la persona para marcar tal diferencia en tu vida?

PREGUNTAS DE DEBATE

1. ¿Qué aprendiste del capítulo cinco que podría ayudarte a extender el amor de Dios a gente que encuentras difícil de amar?

2. Pam mencionó en el capítulo cinco varias clases distintas de relaciones: mentora, pupila (alguien a quien orientas), camillera, pre-creyente, animadora. ¿Cuál de estas te falta y debes buscar?

3. Lee Hechos 20:13-38. ¿Cómo manejó Pablo la despedida que le hicieron los ancianos en Éfeso?

4. ¿Cómo puedes aplicar el ejemplo de Pablo a tu propia vida con relación a personas que ya es hora de sacar de tu vida?

5. Jesús tuvo muchos seguidores, pero solo tuvo doce discípulos y solo tres de ellos en su círculo íntimo (Pedro, Santiago y Juan). ¿Cómo decides quién obtiene el acceso principal a ti, a tu tiempo y a tu vida?

Cierre

Oren unas por otras, especialmente por una relación en que les gustaría ver cómo Dios interviene y obra.

A fin de animar una relación constante entre las mujeres del grupo, toma tiempo después de la oración con el propósito de comenzar a planificar una celebración en grupo para la conclusión de este estudio, como un viaje nocturno, asistir juntas a una conferencia, tomar un té, o disfrutar algún otro acontecimiento especial. Permite tiempo en este evento para que cada mujer del grupo afirme a las demás.

CAPÍTULO 6
Una mujer influyente es decidida

Actividad inicial

¿Qué te gustaría que dijeran de ti en tu funeral?

PREGUNTAS DE DEBATE

1. Encuentra una compañera. Pregúntense: "¿Qué mujer que conoces se ha fijado una meta y la ha cumplido? ¿Cuáles son algunos de los pasos que dio para llegar allí?".

2. Lee Efesios 5:8-20. ¿Qué aprendes en cuanto a fijar metas que encajan con las prioridades de Dios?

3. ¿Qué retos enfrentas al fijar metas cuando tu vida está íntimamente entrelazada con otras personas (esposo, padres, hijos, etc.)?

4. Busca una compañera diferente a la de la pregunta uno. Háblale de una meta que tienes en cada uno de estos aspectos:

   Espiritual (objetivo para acercarte más a Dios)
   Equipo (objetivo basado en alguien a quien amas)
   Energía (objetivo de cuidar mejor de ti misma)
   Productividad (objetivo de ayudarte a avanzar en el trabajo, ministerio, hogar, finanzas o educación)

5. Usando el diagrama de la página 107, escribe tus metas en secuencia en cada paso de la escalera. Si estás dispuesta, cuéntaselas al grupo.

Cierre

Ora por la mujer a tu derecha pidiendo sabiduría en fijar objetivos y para que la voluntad de Dios se haga a medida que ella avanza hacia sus metas.

CAPÍTULO 7
Una mujer influyente es íntegra

Actividad inicial

¿Qué lema o dicho te ha ayudado a tomar decisiones sabias (por ejemplo: "En caso de duda, no actúes")?

Como líder a veces busco pequeños obsequios para recordar a las mujeres que deben andar en integridad. Para esta lección siempre doy una tortuguita a cada mujer a fin de recordarles que "si ves una tortuga en un poste, sabes que no subió allí por sí misma". Les digo: "Dios te ha puesto en una posición influyente, pero también puede quitarte de esa plataforma ministerial. Mantén esta tortuga en tu escritorio para recordarte que debes humillarte bajo la poderosa mano de Dios, y Él te exaltará".

Preguntas de debate

1. ¿Hasta qué punto sientes la presión de que otras personas observen tu vida como mujer influyente?

2. ¿En qué áreas grises te es más difícil discernir si debes hacer algo o no?

3. Lee 1 Corintios 10:23—11:1. ¿Qué principios obtienes para comportarte con integridad?

4. ¿Por qué crees que la integridad es la característica que las personas buscan y aprecian más en sus líderes?

5. Josh McDowell ideó un collar para ayudar a su hija a tomar decisiones sabias. En el collar hay tres corazones con tres signos de interrogación, que simbolizan tres preguntas que deberíamos hacer antes de tomar cualquier decisión: "¿Muestra esto amor por Dios? ¿Amor por los demás? ¿Amor por mí misma?". ¿Con qué decisión te ayudarían estas preguntas esta semana?

6. Una forma de decidir si una acción es correcta es preguntarte si se ajusta al carácter de Dios. Expresa un aspecto de tu vida en que tratas de entender la voluntad de Dios, e invita al resto del grupo a vincularlo con algún aspecto del carácter de Dios.

Cierre

Oren por sabiduría e integridad en cada decisión.

CAPÍTULO 8
Una mujer influyente es vehemente

Actividad inicial

¿Cómo determinas cuándo estás "demasiado ocupada"?

Preguntas de debate

1. Isaías 26:3 declara: "Tú guardarás en completa paz a aquel cuyo pensamiento en ti persevera; porque en ti ha confiado". ¿Cómo mantienes tu mente en el Señor?

2. Recuerda las palabras de la traductora camboyana de Jill Briscoe: "Cuando llegan los problemas, ustedes en Occidente dicen: 'Dios, quita esto de mi espalda'. En Oriente decimos: 'Dios, fortalece mi espalda para soportarlo'". ¿Qué te ha ayudado a seguir adelante cuando estás cansada, o a emprender una tarea mucho tiempo después que se ha ido el deseo de hacerla?

3. Lee 2 Corintios 4:7-12. ¿Cuál de las frases descriptivas de Pablo te habla más personalmente, y por qué?

4. Lee Hebreos 12:1-3. ¿Qué nos impide desanimarnos?

5. Una palabra bíblica para *soportar* significa "mantenerse debajo". ¿Cuándo has permanecido voluntariamente debajo en una circunstancia difícil?

6. ¿Cómo pueden las mujeres cristianas ayudarse mutuamente a evitar la fatiga?

CIERRE

Encuentra una compañera y oren juntas por las tensiones que las afligen ahora.

CAPÍTULO 9
Una mujer influyente es inquisitiva

ACTIVIDAD INICIAL

¿Qué aventura te gustaría asegurarte de tener antes de morir?

PREGUNTAS DE DEBATE

1. ¿Qué áreas de tu vida sientes rutinarias?

2. Es más fácil salir y permanecer fuera de una rutina cuando captamos la visión divina de la vida. Lee los siguientes pasajes bíblicos y analiza lo que crees que es el punto principal de cada uno.

   - Mateo 28:18-20
   - 1 Tesalonicenses 2:7-8
   - 2 Timoteo 2:2
   - Tito 2:3-5

3. ¿Quién te insta a crecer espiritualmente?

4. ¿Cómo podrías tener más tiempo bajo la esfera de influencia de esa persona?

5. Existen muchas maneras de crecer: a través de la experiencia, estar en un grupo pequeño, recibir orientación, ser mentora o líder. ¿De qué manera crees que te ayudaría a crecer más hacia el paso siguiente?

6. Selecciona una de las siguientes áreas. ¿Cómo te gustaría crecer en esa área?

   Intelectual / educativa
   Social
   Recreativa / pasatiempo
   Crecimiento espiritual personal / ministerio personal
   Física / emocional

7. ¿Qué paso puedes dar para fortalecer tu influencia?

8. ¿A quién te gustaría transmitir la batuta de influencia?

Cierre

Ora para que descubras qué mujer de influencia quisiera Dios que sea tu discípula y convertirla en líder. Empieza a orar por esa mujer, u ora para que Dios te muestre a qué mujer o mujeres retar para estar contigo en tu estudio Mujer Influyente en algún momento el próximo año.

CAPÍTULO 10
Una mujer influyente es contagiosa

Actividad inicial

¿Dónde y cuándo te sientes más preparada para hablar de tu fe? ¿Menos preparada?

Preguntas de debate

1. ¿Llegaste a Cristo a través de una relación con alguien? Si es así, ¿cómo sucedió? ¿Cómo construyó la persona una relación contigo que influyó en tu vida?

2. Lee Hechos 1:6-8. ¿Cuál dirías que es tu Jerusalén? ¿Tu Judea y Samaria? ¿Tu "lo último de la tierra"?

3. Lee 2 Timoteo 4:1-2. ¿Cuáles son algunos lugares en los que puedes conocer y hacer amistad con aquellos que necesitan llegar a la fe en Cristo? Nombra la mayor cantidad posible de lugares.

4. ¿Cómo puedes fortalecer relaciones con pre-creyentes en tu esfera de influencia?

5. Si has llevado personalmente a alguien a Cristo o has estado en un viaje misionero, cuenta brevemente tu experiencia.

6. Como grupo, ¿cómo pueden usar su tiempo, talento o tesoro para alcanzar a personas que necesitan a Jesús? Vean cuántas opciones e ideas grupales y ministeriales pueden proponer. Decidan por un proyecto u opción de servicio que harán juntas en la próxima semana.

7. Si algo estuviera cincelado en granito diciendo lo que hiciste por el Señor, ¿qué te gustaría que escribieran allí?

Cierre

Como grupo, oren por la influencia que tendrán en el mundo perdido. Cierren con la oración: "Señor, apasiona mi corazón. Aquí estoy, Señor, úsame".

NOTAS

Capítulo 1: Apasionada

página 10 “No pude dormir esa noche”: Ruth Tucker y Walter Liefeld, *Daughters of the Church* (Grand Rapids: Zondervan / Academie Books, 1987), p. 320.

página 15 Según el Ministerio de la India: Consultado en http://www.islamonline.net/English/family/2005/11/article05.shtml.

página 15 Cada año, dos millones de niñas: Consultado en http://www.unicef.org/protection/index_25032.html.

página 15 En los países en desarrollo: Consultado en http://www.popcouncil.org/gfd/girlseducation.html.

página 15 Estudios lo han demostrado: Consultado en línea el 9 de marzo, 2006, en http://www.unicef.org/sowc96/ngirls.htm.

página 15 Entre 1970 y 2003: Consultado en línea el 9 de marzo de 2006, en http://www.cdc.gov/nchs/data/hus/tables/2003/03hus009.pdf.

página 15 El suicidio de adolescentes aumentó un 200%: William Bennett, *Index of Leading Cultural Indicators* (Washington, D. C.: Heritage Foundation, marzo de 1993), pp. i-19.

página 15 Organizaciones de ayuda internacional sugieren: *Niños de la noche: Rescatemos de la prostitución a los niños de los Estados Unidos*, http://www.childrenofthenight.org/faq.html.

página 16 Hay aproximadamente 200.000 mujeres: Consultado en línea el 10 de marzo de 2006, en http://www.oxfam.org.uk/what_we_do/where_we_work/nepal/gender/traffic.htm.

página 16 El gobierno de la India: *Niños trabajadores en Asia*, http://www.cwa.tnet.co.th/Publications/Newsletters/vol12_1-2/v12_1-2_factors.html.

página 16 UNICEF calcula que 1,2 millones: *Ibíd.*

página 16 George Barna realizó un estudio: George Barna, *What Americans Believe* (Ventura, Calif.: Regal, 1991), p. 179.

página 22 Si la primera mujer: http://www.sojournertruthhouse.com/history.asp.

página 24 "Prefiero morir que traicionar mi fe": Tucker y Liefeld, *Daughters of the Church* [Hijas de la iglesia], p. 192.

página 24 "No llores, maestra": A. Wetherell Johnson, *Created for Commitment* (Wheaton, Ill.: Tyndale, 1982), pp. 136-37.

páginas 24-25 Perpetua nació: Tucker and Liefeld, *Daughters of the Church*, p. 102.

página 27 "Cuando un hombre hace un juramento": Robert Bolt, *A Man for All Seasons* (Nueva York: Vintage, 1960), p. 81.

página 27 "Oh Dios, pusiste en mi corazón": Edith Deen, *Great Women of the Christian Faith* (Nueva York: Harper, 1959), p. 216.

página 28 "Ahora sé": *Ibíd.*

Capítulo 2: Individual

página 29 "Tienes que tener mucha seguridad": Maureen Sajbel, "Hat Tricks", *Los Angeles Times,* 14 de julio de 1994, p. E3.

página 30 "Camina como se supone que deberías": Jennifer Levitz, "Cancer Patients Hold Their Heads High", *Times Advocate,* agosto 23, 1995, p. A1.

página 30 Sally Helgesen mantuvo un diario: Sally Helgesen, *The Female Advantage: Women's Ways of Leadership* (Nueva York: Doubleday, 1990), pp. 19-28.

página 30 Un estudio mostró que las directoras: Gary N. Powell, *Women and Men in Management* (Newbury Park, Calif.: Sage, 1993), p. 167.

página 31 Sin embargo, hombres y mujeres: *Ibíd.*, p. 84.

página 32 Lo más importante es que los hombres tenían una mayor capacidad: Véase Powell, *Women and Men in Management,* p. 162, para diferencias de género. Varios estudios mostraron que las aspiraciones y la autopercepción de las habilidades en el liderazgo de los hombres eran más elevadas que las de las mujeres (véase pp. 76-79, 105-6).

página 32 Cuando una mujer ha interactuado: *Ibíd.*, p. 109.

página 37 Susannah Wesley tenía el corazón: Edith Deen, *Great Women of the Christian Faith* (Nueva York: Harper, 1959).

página 39 "No podemos tomar todo lo que Dios nos da": Julie A. Talerico, "Elizabeth Dole's Heart and Soul", *Today's Christian Woman,* julio-agosto de 1993, p. 78.

página 40 "Creí que sería fácil": Johnson, *Created for Commitment*, p. 46.

página 42 "La idea de la ordenación": Tucker y Liefeld, *Daughters of the Church*, p. 271.

página 44 "La autoridad no está en una posición": Anne Graham Lotz, "Women in Ministry", cinta disponible en AnGeL Ministry, PO Box 31167, Raleigh, NC 27622-1167.

páginas 44-45 "El Espíritu Santo decide": Jill Briscoe, "Woman Power: The Woman's Place in the Church", cinta 0988-8, disponible en Telling the Truth Ministries, PO Box 11, Brookfield, WI 53008.

página 45 "La doctora Ruth Tucker afirma que el mejor": Ruth Tucker, en una conversación personal, Simposio del ministerio de damas, 24 de marzo de 1995.

página 45 Gretchen Gaebelein Hull, en *Equal to Serve*: Gretchen Gaebelein Hull, *Equal to Serve* (Grand Rapids: Baker, 1998).

página 46 "Dónde trabajaré hoy": Origen desconocido. Extracto del boletín *Hope for the Heart*, diciembre de 1992 (PO Box 7, Dallas, TX 75221).

página 47 "Cuando deseamos permanecer": Fern Nichols, en una entrevista personal, 9 de enero de 1995.

Capítulo 3: Íntima

página 50 C. S. Lewis, el extraordinario: C. S. Lewis, *The Screwtape Letters* (Old Tappan, N. J.: Revell, 1979), p. 59. Publicado en español por HarperCollins Español con el título *Cartas del diablo a su sobrino.*

página 50 Kay Arthur, autor de Estudios Bíblicos Precepto: Nancy Carmichael, "Any Bush Will Do", *Virtue,* enero-febrero de 1994, p. 31.

página 53 En la obra *Las bordadoras*, de Molly Newman: Citada en "The Quilters", *Virtue,* marzo-abril de 1991, p. 44.

página 55 "Dios afirma que no te prueba": Gracia Burnham, en una entrevista titulada "Grace in the Jungle", en *Today's Pentecostal Evangel*. Disponible en línea en http://pentecostalevangel.ag.org/conversations 2003/4658_burnham.com.

página 55 Otra misionera, Nancy Mankin, comprende: Nancy Mankin, cinta de New Tribes Mission, 16 de marzo de 1993.

página 58 "En una manera profundamente personal": Carol Kent, *When I Lay My Isaac Down: Unshakable Faith in Unthinkable Circumstances* (Colorado Springs: NavPress, 2004), p. 29.

páginas 58-59 Un niño en edad preescolar derramó accidentalmente: *Today's Christian Woman,* enero-febrero de 1996, p. 25.

página 59 "Oro porque": *Tierras de penumbra*, película dirigida y producida por Richard Attenborough (HBO Home Video y Savoy Video, 1993). También producida por Brian Eastman.

página 61 Después de veinticuatro horas: *1 to 1 Discipleship Manual* (Vista, Calif.: Church Dynamics, 1983), p. 24.

página 62 Eres la Roca de mi salvación: Teresa Muller, "You Are the Rock of My Salvation", *Praise VII,* © 1982, Maranatha Music. Usado con permiso.

Capítulo 4: Idealista

página 67 "Es el individuo el que cuenta": Henrietta Mears, citado en Earl R. Roe, *Dream Big* (Ventura, Calif.: Regal, 1990), p. 265.

página 68 "¡Este es el tiempo de testimonio más ridículo!": Henrietta Mears, citado en *Ibíd.*, p. 161.

página 68 Una vez declaró: *Ibíd.*, p. 57.

página 70 *"Nada es imposible":* parafraseado de 1 Crónicas 29:11-12; Job 41:33; Salmos 139; Isaías 9:6; 40; Zacarías 4:6; Mateo 17:20; Romanos 8:38-40; 11:33; Efesios 3:20; Colosenses 1:16-17; 1 Timoteo 6:16; Hebreos 4:16; Apocalipsis 22:13.

página 73 La palabra *arras:* R. V. J. Tasker, *The Second Epistle of Paul to the Corintios,* Tyndale New Testament Commentaries (Londres: Inter-Varsity Press, 1983), 8:49.

página 74 En *Our Faithful God*: Citado en Edith Deen, *Great Women of the Christian Faith* (Nueva York: Harper, 1959), p. 216.

página 74 "Dios más uno siempre son mayoría": Mary Slessor, citado en William Brooks, "Mary, Queen of Calabar", *Worldwide Challenge,* julio-agosto de 1994, p. 47.

página 76 En uno de los viajes: William Bennett, *The Book of Virtues* (Nueva York: Simon & Schuster, 1993), pp. 503-4.

página 77 Al creer que sus acciones estaban inspiradas: Paul Thigpen, "Harriet Tubman: Risking Her Life to Set Others Free", *Discipleship Journal,* noviembre-diciembre de 1994, p. 63.

Proyecto Ester

página 81 Todo el mundo tiene para ofrecer un don único: Si deseas información aún más detallada y ayuda para discernir tu llamado, lee mi libro *The 10 Best Decisions A Woman Can Make*, http://farrelcommunications.com. Para un ejemplo de una presentación del evangelio, véase pp. 81-82 de ese mismo libro.

Capítulo 5: Interdependiente

página 87 Linda comenta: Entrevista personal por correo electrónico con la autora, 27 de octubre de 2005.

página 95 Un alto funcionario británico: InfoSearch, NavPress PC Software, ilustración 62.

página 97 "Amy Carmichael se convirtió para mí": Elisabeth Elliot, *A Chance to Die* (Grand Rapids: Revell, 1987), p. 15.

página 99 Hay "amistades del corazón": Elizabeth Cody Newenhuyse, "Friendship Fizzle", *Today's Christian Woman,* enero-febrero de 1995, p. 52.

Capítulo 6: Decidida

página 103 Años después escribió en una carta: Catherine Booth, citado en Deen, *Great Women of the Christian Faith*, p. 243.

página 103 "Será un día feliz": *Ibíd.*, p. 239.

página 106 Emilie Barnes escribe: Emilie Barnes, *The Creative Home Organizer* (Eugene, Ore.: Harvest House, 1988), p. 15.

página 109 Daisy Hepburn aconseja: Daisy Hepburn, discurso dado en una conferencia de damas, Pine Valley, California, 11 de marzo de 1989.

página 111 "Cuando una casa está incendiándose": Corrie ten Boom, *Each New Day* (Grand Rapids: Spire, 1977), p. 39.

página 114 Al final de este capítulo se incluye: Excelentes recursos financieros están disponibles en tu librería cristiana local. Entre los autores recomendados están Ron y Judy Blue, y Larry Burkett.

Capítulo 7: Íntegra

página 124 Alguien que comprende los principios: Para más información sobre guerra espiritual y tu identidad en Cristo, contacta Freedom in Christ Ministries, 491 E. Lambert Rd., La Habra, CA 90631. Teléfono (310) 691-9128.

página 130 Ella afirma: "Mis padres me habían convencido totalmente": Condoleezza Rice, citado en Antonia Félix, *Condi* (Grand Rapids: Zondervan, 2005), p. 36.

página 131 Afirma: "Cuando algo me preocupa": B. Denise Hawkins, "Condoleezza Rice's Secret Weapon: How Our National Security Adviser Finds the Strength to Defend the Free World", *Christian Reader,* septiembre-octubre 2002. Disponible en http://www.christianitytoday.com/tc/2002/005/1.18.html.

Capítulo 8: Vehemente

páginas 133-134 "Los pies se me hincharon": Gail Devers, citado en Kenny Moore, "Dash to Glory", *Sports Illustrated,* 10 de agosto de 1992, p.18.

página 134 "Me sentí acabada": Gail Devers, citado en "Devers Overcomes Ailments to Dash for Olympic Gold", *Jet,* 17 de agosto de 1992, p. 51.

página 134 Bob Kersee abrazó: Citado en Moore, "Dash to Glory", p. 19.

páginas 134-135 Más tarde Gail declaró a la prensa: Gail Devers, citado en "Devers Overcomes Ailments", p. 51.

página 136 Un afiche de Heather: Deniese George, "Capturing a Nation's Heart", *Pursuit* 11, n.º 4, p. 26.

página 136 "Todos somos dignos de Él": *Ibíd.,* p. 30.

página 136 "Mi corona borraría la palabra 'imposible'": "Heather Whitestone", *People,* 26 de diciembre de 1994, p. 122.

página 137 La mujer que estaba hablando comparó a las mujeres con embarcaciones: Jill Briscoe, "Running on Empty" cinta de la conferencia nacional para esposas del ministerio 1991, Orlando, FL, 19-21 de febrero de 1991.

página 137 La empresaria Mary Kay Ash: Mary Kay Ash, citado en Neil Taylor, *How to Lose 10 Pounds* (Nashville: Nelson, 1993), p. 37.

página 138 Le declaró al juez: Susan B. Anthony, citado en Deen, *Great Women of the Christian Faith,* p. 78.

páginas 138-139 La mujer camboyana: Jill Briscoe, Newim Conference, Arrowhead Springs, Calif., 2 de junio de 1994.

página 143 Nunca debemos dudar en las tinieblas: Neil Anderson, Seminario Libertad en Cristo, San Diego, Calif., julio de 1994.

página 145 Consumir alimentos puros como Dios los hizo: Stormie Omartian, *Greater Health God's Way* (Chatsworth, Calif.: Sparrow, 1984), p. 52.

Capítulo 9: Inquisitiva

página 150 Cuando Chuck Colson fue: Citado en Charles Colson, *Loving God* (Grand Rapids: Zondervan, 1983), pp. 209-16.

página 150 Cuando una madre águila: InfoSearch, ilustración 109.

página 150 Oscar Wilde expresó: Citado en Charlie Jones y Bob Phillips, *Wit and Wisdom* (Eugene, Ore.: Harvest House, 1977), p. 52.

Capítulo 10: Contagiosa

página 165 Cynthia confiesa: "Tuve que aprender": Cynthia McKinney, en una entrevista personal, 12 de diciembre de 1994.

página 166 En 2004, más de dos millones de adolescentes: Consultado 10 de marzo de 2006, en http://www.syatp.com/media/journalists /press_release.html.

página 172 Ella afirma: "Jesús ilustra": Citado en Monica Whiting, "Living Christ and Gabbing over Lunch", *Discipleship Journal,* septiembre-octubre 1994, p. 41.

páginas 177-178 Kay describe así su reacción: Kay Cole James, *Never Forget* (Grand Rapids: Zondervan, 1992), p. 159.

página 178 Su madre contestó: *Ibíd.*, p. 169.

página 179 "No se puede transformar": Robert Coleman, *The Master Plan of Evangelism* (Old Tappan, N. J.: Spire, 1978), p. 24.

ACERCA DE LA AUTORA

Pam Farrel es conferencista internacional y afamada autora de casi treinta libros, entre ellos *Los hombres son como waffles, las mujeres como espaguetis; La crianza de una princesa; El lenguaje secreto de las parejas exitosas*. Pam tiene experiencia como directora de mujeres, locutora de radio, esposa de pastor, oradora en congresos femeninos, y mentora de mujeres por más de veinticinco años. Está felizmente casada con su esposo Bill desde hace más de veintiséis años, y juntos disfrutan hablando sobre temas de matrimonio y familia. Pam también es madre de tres hijos y le gusta pasar tiempo con su reciente nuera.

Puedes contactar a Pam en

Farrel Communications
P. O. Box 1507
San Marcos, CA 92079
800-810-4449
www.farrelcommunications.com

EDITORIAL
PORTAVOZ

NUESTRA VISIÓN

Maximizar el efecto de recursos cristianos de calidad que transforman vidas.

NUESTRA MISIÓN

Desarrollar y distribuir productos de calidad —con integridad y excelencia—, desde una perspectiva bíblica y confiable, que animen a las personas a conocer y servir a Jesucristo.

NUESTROS VALORES

Nuestros valores se encuentran fundamentados en la Biblia, fuente de toda verdad para hoy y para siempre. Nosotros ponemos en práctica estas verdades bíblicas como fundamento para las decisiones, normas y productos de nuestra compañía.

Valoramos la excelencia y la calidad
Valoramos la integridad y la confianza
Valoramos el mérito y la dignidad de los individuos y las relaciones
Valoramos el servicio
Valoramos la administración de los recursos